2012年教育部人文社会科学青年项目的最终成果

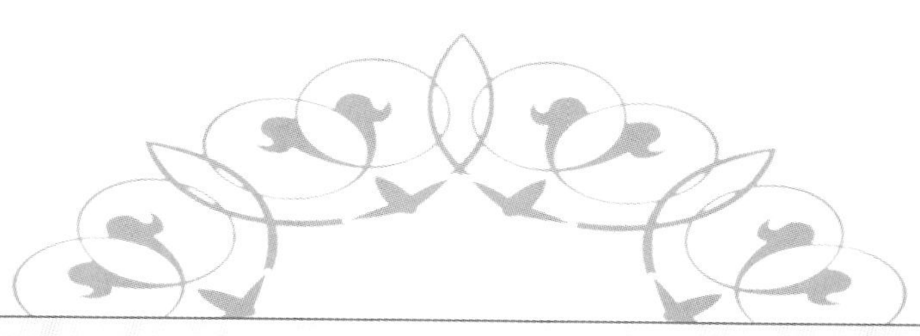

中国行政起诉制度研究

常晓云　著

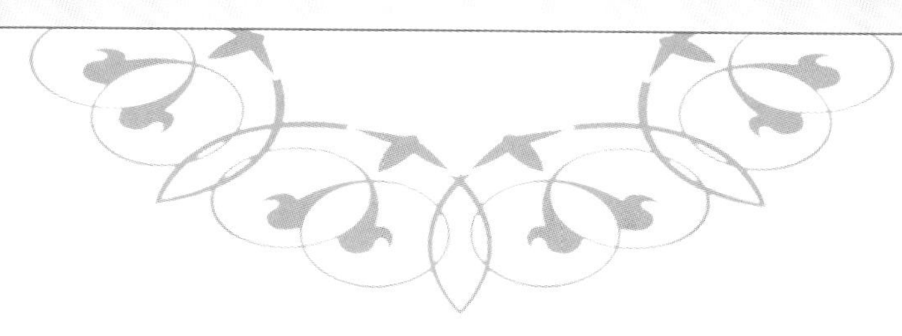

中国社会科学出版社

图书在版编目(CIP)数据

中国行政起诉制度研究 / 常晓云著 . —北京：中国社会科学出版社，2018. 1

ISBN 978-7-5203-0788-8

Ⅰ. ①中… Ⅱ. ①常… Ⅲ. ①行政诉讼-起诉-司法制度-研究-中国 Ⅳ. ①D925. 318. 4

中国版本图书馆 CIP 数据核字(2017)第 181411 号

出 版 人 赵剑英
责任编辑 宫京蕾
责任校对 曹占江
责任印制 李寡寡

出　　版 中国社会科学出版社
社　　址 北京鼓楼西大街甲 158 号
邮　　编 100720
网　　址 http：//www. csspw. cn
发 行 部 010-84083685
门 市 部 010-84029450
经　　销 新华书店及其他书店

印刷装订 北京君升印刷有限公司
版　　次 2018 年 1 月第 1 版
印　　次 2018 年 1 月第 1 次印刷

开　　本 710×1000 1/16
印　　张 12. 75
插　　页 2
字　　数 185 千字
定　　价 56. 00 元

目　录

绪　论

一　研究缘起与研究意义

（一）研究缘起

20世纪六七十年代，在世界范围内兴起了一场“接近正义（司法）”（Access to Justice）运动，这一运动旨在保障公民能够更加便捷地接近司法、更加有效地利用司法。欲实现这一宗旨，使公民权利获得有效且无漏洞的救济，首先就应扫清进入法院的障碍，畅通“接近司法”的道路。因此，公民的起诉权开始受到普遍的重视。起诉是启动司法之门的钥匙，保障当事人的权益，首先就要保障当事人诉诸司法的权利，让任何人在权利受到侵害时，能够比较容易、便捷、毫无障碍地诉诸司法。

1989年颁布的《中华人民共和国行政诉讼法》是我国民主法治建设历程中的一个重要里程碑，标志着具有中国特色的行政诉讼制度正式确立。行政诉讼法施行以来，一定程度上化解了行政纠纷，保障了公民、法人和其他组织的合法权益，促进了行政机关依法行政。[①]经过二十多年的司法实践，无论是行政诉讼法条文规定的不足，还是行政诉讼法实施的困境都逐渐凸显，行政诉讼“起诉难”（或称“告状难”、“立案难”）就是当前人民群众反映最为强烈的问题之一。[②]

① 林莉红：《中国行政诉讼的历史、现状与展望》，《河南财经政法大学学报》2013第2期。

② 2008年底，最高人民法院、中国法院网组织的司法民意调查表明，群众反映最强烈的司法问题，排第一位的是“审判不公”，排第二位的就是“起诉难”。当然，此调查中的“起诉难”包括民事诉讼“起诉难”和行政诉讼“起诉难”。

由于最高人民法院的统计数据没有立案率①的统计数据，司法实践中并没有数据能够直接证明存在“起诉难”。众所周知，在2015年5月1日新修改的《行政诉讼法》②（以下简称《行政诉讼法》（2014年））实施以前，我国一审行政诉讼案件数量偏低，2014年，我国一审行政诉讼案件数量达到历史最高峰，为141880件，这一数字与我国行政机关的数量相比，与行政机关当年实施的可诉的行政行为数量相比，几乎可以忽略不计。难道我国行政机关依法行政的水平很高，行政相对人与行政机关之间没有纠纷？显然不是，每年上千万信访的案件数量③可见一斑。这表明实践中，行政纠纷并不少，只是法院受理的行政纠纷少。

“起诉难”实际上是当事人对提起行政诉讼的主观心理感受。这种感受主要来自两个方面：一方面是当事人感觉向法院提起诉讼至法院立案的过程繁琐、复杂、不便，比如由于当事人缺乏行政诉讼专业知识，起诉时法院反复要求当事人补充、更正起诉状和起诉材料；当事人等待立案结果的时间过长等。另一方面是当事人认为起诉符合法定条件，但法院还是不予立案，或虽立案，案件却难以进入开庭审理。人民群众诟病的主要是后者。行政诉讼司法实践中，不仅行政相对人感觉起诉难，法院同样感觉立案难。法官觉得有些行政案件受理了，很难“送出去”；或者原告诉讼请求涉及的问题不是单纯的法律问题，法院处理不了；又或者受理了某些案件，可能会给法院或承办法官带来诸多麻烦和困扰。法院对这些案件的立案，就会犹豫，甚至

---

① 立案率为每一统计年度，法院的立案数除以当事人到法院的起诉数。司法实践中，没有要求法院统计当事人的起诉数，客观上，统计当事人的起诉数也不现实。因此，我们无法得出立案率，也就无法证实，当事人向法院提起的诉讼有多少被法院受理了。

② 《中华人民共和国行政诉讼法》1989年4月4日第七届全国人民代表大会第二次会议通过，1990年10月1日起实施。2014年11月1日第十二届全国人民代表大会常务委员会第十一次会议通过了《关于修改〈中华人民共和国行政诉讼法〉的决定》，修改后的新《行政诉讼法》于2015年5月1日起施行。

③ 2000年，全国县以上党政机关受理信访量首次突破1000万件/人次大关，达到1024万件/人次。参见王东进等《积极化解人民内部矛盾，妥善处理群体性事件》，《中国社会发展战略》2004年第3期。

不愿意受理。

我国行政诉讼起诉与受理的现实状况是武汉大学法学院林莉红教授主持的“中国行政诉讼制度改革与实践”项目①的调研内容之一。从调研情况来看，法院对行政案件的立案在法院所在地域、立案时间、案件类型以及案件当事人等方面存在明显的选择性。我国行政诉讼为何存在选择性立案的现象，“起诉难”究竟是何原因造成的，域外行政诉讼是否也存在类似我国“起诉难”或“立案难”的现象，如何破解行政诉讼起诉难，让行政相对人可以毫无障碍地行使起诉权，这是本课题研究的初衷。

中国共产党的十八届四中全会通过的《中共中央关于全面推进依法治国若干重大问题的决定》明确指出，“改革法院案件受理制度，变立案审查制为立案登记制，对人民法院依法应该受理的案件，做到有案必立、有诉必理，保障当事人诉权”。为响应十八届四中全会决定的号召，《行政诉讼法》（2014 年）将立案方式修改为立案登记制。

---

① “中国行政诉讼制度改革与实践”项目是武汉大学法学院林莉红教授主持，受荷兰王国驻华大使馆支持，项目于 2010 年 11 月启动，于 2013 年 12 月结项。自 2010 年 11 月调查研究项目启动到 2012 年 6 月，林莉红教授带领武汉大学法学院青年教师、博士生以及硕士生十余人，先后赴我国 17 个省级区域（包括 12 个省份、3 个直辖市和 2 个自治区）开展调查研究。项目调查主要包括问卷调查、访谈调查以及裁判文书收集与研读。调研涉及全国五十余座城市，共发放调查问卷 9600 份，调查四类对象共计 8155 人次，其中法官 1203 人、行政机关工作人员 2986 人、律师 1321 人、民众 2645 人，共回收问卷 8155 份，其中有效问卷 7669 份，有效问卷回收率达 79.9%。课题组还收集了 906 份网络调查问卷（民众卷）。与此同时，课题组在调查期间先后到访各级法院 61 个（有的中级法院在座谈时通知了基层法院法官参加，涉及的法院总数至少为 78 个），到访各级政府机关法制工作部门 3 个，到访律师事务所 4 个，访问作为原告的公民、法人或其他组织 7 次。在访谈对象中，法官 198 位，政府法制部门工作人员 7 位，执业律师 11 位，访谈曾为行政诉讼原告的公民和组织负责人 14 位。另外，课题组还收集了全国 12 个省级区域（分别是山东省、浙江省、广东省、河南省、湖北省、湖南省、辽宁省、江苏省、青海省、广西壮族自治区、上海市和重庆市）共计 72 个法院的 11532 份行政裁判文书。课题组将缺失文书占全部建档文书比例在 10%以上的法院予以剔除。最终选择了 38 个法院 2009—2010 年 2767 份一审行政裁判文书（基层人民法院 2573 份，中级人民法院 187 份）和 8 个法院 2009—2010 年 3980 份二审行政裁判文书（中级人民法院 3065 份，高级人民法院 915 份）进行信息统计。参见林莉红主编《行政法治的理想与现实——〈行政诉讼法〉实施状况实证研究报告》，北京大学出版社 2014 年版。本书中的数据若未做特殊说明，均来自此次调查数据。

2015年5月1日，随着《行政诉讼法》（2014年）的实施，立案登记制的司法改革大幕在中国拉开。据最高人民法院数据显示，2015年5月全国法院登记立案，行政案件同比增幅最大，共登记立案29924件，同比增长221%，环比增长84.5%。[①] 仅从一个月立案数的猛增，就断言"从根本上解决了'立案难'问题"[②] 还为时尚早。立案登记制能否破解我国行政诉讼"起诉难"，还有待司法实践的检验。

（二）研究意义

有句法谚"无救济即无权利"，现实也让人们切实地感受到，"无法走向或接近救济"也无权利。司法制度构建得再好，如果当事人没有接近司法的机会，立法者和法学家们的诸多努力都变得毫无意义。古罗马法谚"无诉，即无裁判；无原告，即无法官"，不仅揭示了诉审关系的基本诉讼法理——"不告不理"原则，还充分体现了起诉作为各种社会纠纷进入司法的首道程序所具备的基础性作用。可见，起诉是整个诉讼程序的起点，起诉制度在司法制度中无疑是重要的。行政起诉制度设计得科学与否，直接关系着当事人的起诉权能否得以实现，这不仅关系着当事人的程序利益能否得到保障，而且最终也会影响其实体权益能否得到救济和实现。详言之，对本选题进行全面、深入、细致的研究将会对行政诉讼理论的发展、规则的完善和实务的改进发挥不可忽视的积极作用。

第一，从理论层面来看，对行政起诉制度进行研究，可促进行政诉讼基本理论指导作用的发挥，亦可以推动行政诉讼相关理论的发展。行政起诉制度与起诉权理论、行政权与审判权之关系、诉讼系属、诉讼结构等诉讼基本理论具有千丝万缕的联系，与受案范围、原告资格、被告确定、管辖、起诉期限等具体制度有着密切的关联。对行政起诉制度进行研究，可以在起诉这一层面对上述基本理论和具体制度进行整合，完善行政起诉制度的理论体系，丰富、发展起诉权

① 《全国法院立案登记制改革初见成效》，《人民法院报》2015年6月5日第1版。

② 同上。

理论。

第二，就规则层面而言，对行政起诉制度进行研究，可促进我国行政诉讼立法的完善。首先，我国行政起诉制度最为人诟病的是起诉条件的“高阶化”。行政起诉条件既包括形式要件，又包含实质要件。在立案审查阶段，法院就要对当事人是否适格、案件是否属于受案范围、是否属于法院管辖范围等进行实质性审查。这种做法违背了诉讼的基本规律，混淆了法院在受理阶段与审理阶段的工作任务，严重妨碍了当事人起诉权的行使。其次，我国立案审查程序缺乏公开性，审判权行使行政化十分明显，行政诉讼程序的启动权实际上掌握在法官的手中，当事人缺乏最基本的程序参与。最后，我国行政诉讼法对起诉的效力缺乏明确规定。我国现行立法尚未引入“诉讼系属”这一法律概念，有关诉讼系属的发生、消灭、效力等规定更是付之阙如。上述三点只是我国行政起诉制度在规则层面存在的主要缺陷，其他立法和司法解释上的纰漏尚有待深入研究。

第三，以实务层面观之，对行政起诉制度进行研究，有助于规范法院的立案行为。司法实践中，法院选择性立案的情形时有发生，导致部分当事人的起诉权难以实现。一旦司法化解社会矛盾的应有功能长期得不到充分发挥，许多行政纠纷就可能会“激化”甚至“扩大化”，最终影响社会的和谐与稳定。同时，法院将某些本来应该获得司法救济的行政案件推出法院，迫使当事人只能借助法外非正常途径来解决纠纷，在一定程度上导致信访增多，非理性行为加剧，造成一些公民“信访”不“信法”，严重损害司法的权威性和公信力。研究起诉制度的实践价值和社会价值在于分析和破解“起诉难”。“起诉难”问题也是当前我国行政诉讼法实施不尽如人意的一个缩影，在某种程度上反映了法院在司法实践中、在政治体制中面临的困境和尴尬。

二 研究现状

（一）国内研究现状

查阅整理目前国内学界对行政起诉的研究成果，发现无论是行政法学界还是诉讼法学界对行政起诉都未给予足够的关注。

第一，研究历史短，研究成果数量少，研究水平不高。

（1）研究历史短

行政诉讼法学的研究是伴随行政诉讼法的颁行才正式起步，在短暂的行政诉讼法学研究历史中，行政起诉一直都未得到学界的足够关注。在行政诉讼法颁行前后集中发表了一些司法实务部门撰写的有关行政起诉与受理制度的论文，主要是对行政诉讼法中起诉与受理条文的理解与释义，或者讨论某个案是否应当受理的问题，谈不上研究。随后的行政诉讼法（学）教材在“起诉与受理”部分都介绍了行政起诉制度，但仅限介绍、阐释行政起诉的定义、起诉条件以及法院对起诉的审查、法院受理等《行政诉讼法》的规定，缺乏对行政起诉基本概念和基本原理的研究。到20世纪末最高人民法院颁布《关于执行〈中华人民共和国行政诉讼法〉若干问题的解释》前后，学界对行政诉讼法的研究视角慢慢从监督行政向保障行政相对人权益进行转变，学界开始关注行政诉权的保障问题，开始了对行政诉权的初步研究。进入21世纪，当“起诉难”成为行政诉讼中人民群众强烈诟病的问题以及“立案难”成为司法实践中法院非常棘手的问题时，学者不再限于制度研究，慢慢转入探讨“起诉难”的原因及其解决对策。但这些研究大多停留在感性或表象的描述上，对“起诉难”的内涵并未予以深究，没有真正揭示“起诉难”发生的根本原因。随后，有学者从法律社会学的角度对“起诉难”进行了实证研究，对“起诉难”存在的社会根源进行了深层次挖掘，这些研究结果使学者感觉在中国当前政治体制下，“起诉难”似乎是一无解的命题，太过悲观，于是这一主题的研究慢慢沉寂下来。

随着《行政诉讼法》的修改被十届、十一届、十二届全国人大常委会列入立法规划，尤其是近年来，学术界关于行政诉讼法修改的讨论非常热烈，不少学者组织科研团队拿出来自己的修改建议稿，如政法大学版、[①] 浙大版、[②] 北大版、[③] 人大版[④]等。围绕起诉与受理制度的修改，学界以行政相对人诉权或起诉权之保障为视角思索、分析行政起诉制度具体构建，但注意力更多还是集中在受案范围的扩大、原告资格的拓宽、独立管辖制度的建立上，对行政起诉制度的诉讼机理却鲜有涉及。

十八届四中全会以后，随着《行政诉讼法》（2014 年）的实施，司法实践中改立案审查制为立案登记制，对行政起诉制度的研究主要集中在对立案登记制的研究。现阶段的研究主要集中在两个方面，一是澄清人们认为"立案登记制就是只要到法院起诉，法院就应立案受理"的误解。立案登记制并不表明对起诉材料完全不进行审查，对起诉材料是否符合法律要求仍需进行程序性审查。[⑤] 二是研判立案登记制实施后出现的新情况、新挑战及其解决对策。立案登记制实施后，最高人民法院、湖南高院、江苏淮安中院等司法实务部门对立案登记制实施后出现的新情况进行了实证研究，指出立案登记制的实施导致行政诉讼案件大幅增长。[⑥] 还有学者认为立案

① 参见马怀德主编《司法改革与行政诉讼制度的完善——行政诉讼法修改建议稿及理由说明书》，中国政法大学出版社 2004 年版。

② 参见胡建淼主编《行政诉讼法修改研究——〈中华人民共和国行政诉讼法〉法条建议及理由》，浙江大学出版社 2007 年版。

③ 北京大学宪法与行政法研究中心：《〈行政诉讼法〉修改建议稿北大版正式发布》（附全文）（http：//www. publiclaw. cn/article/Details. asp？NewsId = 3688），2013 年 12 月 25 日访问。

④ 《〈行政诉讼法〉修改建议稿（人大版）》（blog. sina. com. cn/s/blog_ 70026cde01018tva. html），2014 年 4 月 15 日访问。

⑤ 姜启波：《〈关于人民法院登记立案若干问题的规定〉的理解与适用》，《人民司法》2015 年第 9 期。许尚豪：《"立案登记制"后如何审查立案》，《人民法院报》2014 年 12 月 24 日第 5 版。许尚豪、瞿叶娟：《立案登记制的本质及其建构》，《理论探索》2015 年第 2 期。

⑥ 最高人民法院立案登记制改革课题组：《立案登记制改革问题研究》，《人民司法》2015 年第 9 期。《落实立案登记制　保障当事人诉权——湖南高院关于行政诉讼案件立案登记制实施情况的调研报告》，《人民法院报》2015 年 7 月 2 日第 8 版。《依法推行立案登记　防范诉权不当行使——江苏淮安中院关于立案登记制后行政案件审理情况的调研报告》，《人民法院报》2015 年 12 月 3 日第 8 版。

登记制本身尚需细化、完善，[①] 立案登记制本身无法解决司法供给不足的问题，还需建立分流机制、提高审判效率、建立多元替代性纠纷解决机制等。[②]

（2）研究成果数量少

笔者在中国知网的期刊论文库、博硕士学位论文库、会议论文库、报纸库中分别以“起诉”、“受理”、“立案”、“诉权”、“起诉权”等关键词进行检索，在这些检索结果中，再加入“行政”这一关键词进行二次检索，发现与行政起诉相关的研究成果数量极少，与浩如烟海的民事起诉、刑事公诉、自诉以及行政诉讼其他内容的研究根本无法比拟。[③]

（3）研究水平不高

从1990年至2013年发表在CSSCI期刊及北大中文核心期刊上的与“行政起诉”相关的论文不到150篇，平均每年6篇至7篇；在2000年至2013年期间，仅有1篇博士论文论及行政起诉权的保障问题（张坤世《行政起诉权保障研究》，湘潭大学2009届博士论文）。在中国知网之外，目前仅有薛刚凌教授就行政诉权出版的1部专著《行政诉权研究》（华文出版社1999年版），最高人民法院立案庭副庭长姜启波、李玉林就法院立案合著的《案件受理》（人民法院出版社2005年版）。可见，对行政起诉有分量的论著付之阙如。

第二，现有研究深度不够。

（1）涉及性研究多，系统性研究少

国内现有关于行政起诉的研究基本属于从不同层面、不同角度进行的涉及性研究。

行政起诉这一主题，从宏观层面上讲，是行政诉权的保障问题。

---

① 许尚豪：《“立案登记制”后如何审查立案》，《人民法院报》2014年12月24日第5版。

② 王春业：《论行政诉讼的登记立案制度——兼评新行政诉讼法相关条款》，《北京社会科学》2015年第11期。黄先雄、黄婷：《行政诉讼立案登记制的立法缺陷及应对》，《行政法学研究》2015年第6期。

③ 相关数据可登入中国知网进行检索。

与蔚为大观的民事诉权研究相比，行政诉权的研究成果屈指可数。国内最早研究行政诉权的论文是学者赵正群的《行政之诉与诉权》（载《法学研究》1995年第6期），其提出对行政诉权的研究不应局限于诉讼制度层面，还应将其置于基本人权和现代法治国家中一项公民基本权利层面来研究，其还提出我国《行政诉讼法》不仅是一部诉讼程序法，也是一部重要的人权保障法，并具体指出《行政诉讼法》（1989年）规定的诉权范围不利于行政诉权的保护。[①] 学者高家伟在《论行政诉权》（载《政法论坛》1998年第1期）一文中提出了“行政诉权是指行政法律关系当事人在不能自行解决因行政职权的存在和行使而引起行政争议时，依法请求法院提供司法保护和帮助的权利，其主要包括起诉权、对不受理起诉裁定的上诉权和获得裁判权三项具体权利”，进而界定了行政诉权的客体范围、主体范围、行政诉权行使的条件，并对比民事诉权分析了行政诉权的特征。[②] 国内第一部关于行政诉权的著作是学者薛刚凌的《行政诉权研究》（华文出版社1999年版），此部专著第一次从理论到实践，全面、系统地揭示了行政诉权的性质、价值及其运作。其从行政诉权的概念界定入手，探索了行政诉权的起源及形成的历史过程，论证了行政诉权存在的正当性与合理性，阐述了行政诉权的具体运作和保障实现。学界第一次对行政起诉进行的实证研究是学者赵正群的《行政诉权在中国大陆的生成及其面临的挑战》（载《诉讼法论丛》第6卷），该论文结合典型案例和司法统计资料中的行政案件数、撤诉案件数就行政诉权中的起诉权问题和达到判决权问题进行了司法实证分析。[③] 进入21世纪，对行政诉权的研究相对沉寂下来。学者张显伟对行政诉权进行了系列研究，也发表过多篇论文，如《行政诉权及其保障》、《从诉权保障论行政诉讼法的缺失》、《从诉权保障论行政诉讼法的修改和完善》、《行政机关的诉权与行政诉讼权利研究》，其谈到了行政诉权的保障

---

① 赵正群：《行政之诉与诉权》，《法学研究》1995年第6期。

② 高家伟：《论行政诉权》，《政法论坛》1998年第1期。

③ 赵正群：《行政诉权在中国大陆的生成及其面临的挑战》，载陈光中、江伟主编：《诉讼法论丛》第6卷，法律出版社2001年版，第753—775页。

问题，也从诉权保障的角度探讨了《行政诉讼法》的修改问题。由于论文发表刊物级别不高，故影响力有限。

2009年11月9日最高人民法院颁布法发〔2009〕54号《关于依法保护行政诉讼当事人诉权的意见》之后，学者开始探讨如何全方位的构建与保护行政诉权。学者孔繁华在《行政诉权的法律形态及其实现路径——兼评最高人民法院法发〔2009〕54号文件》（载《法学评论》2011年第1期）一文中根据行政诉权存在的不同法律层面，将其分为基本权形态的行政诉权、制度形态的行政诉权以及实践形态的行政诉权，认为我国目前缺乏基本权形态的行政诉权，实践形态的行政诉权远远没有落实制度形态的行政诉权。为了追求诉权实现的理想状态，其提出通过宪法确认基本权形态的行政诉权，确立保障相对人行政诉权的原则，完善制度形态的行政诉权之立法规定，使实践形态的行政诉权回归到制度形态的行政诉权。① 学者李湘刚在《论完整意义上的公民行政诉权的构建》（载《政治与法律》2011年第6期）一文中提出了完整意义上公民行政诉权的要素包括主体为公民和具有国家行政职权的机关和组织、客体为行政诉权主体行使行政诉权所指向的对象、内容为起诉权、请求得到公正审理及公正裁判权、义务主体为国家。并针对我国目前公民行政诉权不完整的表现，从理论、立法、司法三方面提出了构建完整意义上公民行政诉权的建议。②

从中观层面上看，行政起诉是行政起诉权的保障问题。从笔者掌握的资料来看，目前仅有湖南省高级人民法院行政审判庭张坤世法官对行政起诉权进行过较为系统的研究，其发表了《行政起诉权保障与行政案件受理制度的完善》（载《湖南大学学报》（社会科学版）2008年第6期）、《行政诉讼受案制度之检讨与重构》（载《法治研究》2008第9期）、《行政起诉制度的若干问题探析》（载《行政法学研究》2009年第1期）、《行政起诉难的成因分析与对策研究》

---

① 孔繁华：《行政诉权的法律形态及其实现路径——兼评最高人民法院法发〔2009〕54号文件》，《法学评论》2011年第1期。

② 李湘刚：《论完整意义上的公民行政诉权的构建》，《政治与法律》2011年第6期。

（载《法治研究》2009年第10期）等有关行政起诉的论文，并在此基础上形成其博士论文《行政起诉权保障研究》（湘潭大学2009届博士论文）。这些研究成果是张法官在近距离观察行政起诉制度运作的现实图景基础上，结合司法实践与自身工作体会，向我们展现的行政法官对行政“起诉难”的思考。其以加强行政起诉权的保障、解决行政“起诉难”为主线，揭示和阐述了行政起诉权及其保障的一般规律，从立法、司法两个层面来构建行政起诉权保障体系，即立法上要诉权入宪、重构行政起诉条件、完善程序机制、排除诉讼障碍，司法上应更新司法观念、改革现行起诉审查制度、强化妨害起诉权行为的规制与救济、提升法院的公信力和权威性，其为行政起诉制度的应然状态构建了较为科学、合理的图景。①

从微观层面上说，行政起诉是诸如起诉条件、起诉规则、受案范围、原告资格、法院管辖、起诉期限、起诉不停止执行、行政复议与行政诉讼的衔接等具体制度的研究，有关这些论题的论著不甚枚举。如关于行政诉讼起诉条件或起诉规则较有影响力的文章有李季《行政诉讼起诉条件之我见》（载《人民司法》1996年第5期）、张玉录《论行政起诉条件》（载《政法论坛》1999年第4期）、杨海坤和周春华《行政诉讼起诉规则理论述评》（载《法治论丛》2007年第2期）等。这些微观层面的研究数量虽多，但较于整个行政起诉制度，这些内容显得比较零散，未在行政起诉制度的大框架下进行有效的整合。

行政起诉从行政相对人的角度来说是行政起诉权的行使，从法院角度而言是法院对行政案件的立案受理。较于学界多从行政相对人权利保障的角度来研究和解决起诉问题，司法实务部门则多从法院依法受理的角度来研究立案问题，最高人民法院江必新副院长在《论行政案件的受理标准》（载《法学》2009年第6期）一文中指出目前司法实践中行政案件的受理标准上存在多中心主义，这将导致选择性司法，会危机整个行政法律秩序的稳定。为了实现法治，行政案件受理

① 张坤世：《行政起诉权保障研究》，博士学位论文，湘潭大学，2009年。

应坚持“法律标准”这唯一的受理标准。其进一步指出依法受理行政案件，要正确理解行政案件受理问题的特殊性和一般性，全面认识行政案件受理的特别条件和普适条件，注意区分行政案件受理的充分条件和必要条件，准确把握受理标准中如“行政行为”、“原告资格”等核心概念的内涵和外延。[①]

（2）规范性研究多，实证性研究少

上述研究大多采用传统的规范分析方法，从不同层面、不同角度对现行行政诉讼法中有关起诉与受理的条文规定进行剖析，并提出修改意见。也有学者从法律社会学的角度对“起诉难”或“立案难”进行实证研究。

最早的实证研究是赵正群教授在《行政诉权在中国大陆的生成及其面临的挑战》（载《诉讼法论丛》第6卷）一文中结合典型案例和司法统计资料中的行政案件数、撤诉案件数，就行政诉权中的起诉权问题和达到判决权问题进行的司法实证分析。[②] 随后一些学者在对行政救济制度的法律社会学研究中都涉及“起诉难”或“立案难”问题，如何海波教授在《行政诉讼撤诉考》一文中，分析了全国一审行政案件受案数与撤诉率的消长关系，展示和分析了行政诉讼制度面临的困境，揭示了当前中国行政法治的基本命运。[③] 陈端洪教授对珠江三角洲地区外嫁女不服农村集体利益分配而产生的行政诉讼案件的调研结果为我们展示了中国行政诉讼“立案难”的制度性背景。[④]

汪庆华教授在《中国行政诉讼：多中心主义的司法》一文中，从行政诉讼的角度考察中国司法的功能，从行政案件的立案、审判和执行三个阶段讨论行政诉讼在中国社会呈现出来的面貌，并结合具体案件讨论中国行政诉讼具有多中心主义的特征。在讨论立案问题的时

---

① 江必新：《论行政案件的受理标准》，《法学》2009年第6期。

② 赵正群：《行政诉权在中国大陆的生成及其面临的挑战》，载陈光中、江伟主编：《诉讼法论丛》第6卷，法律出版社2001年版，第753—775页。

③ 何海波：《行政诉讼撤诉考》，《中外法学》2001年第2期。

④ 陈端洪：《排他性与他者化：中国农村“外嫁女”案件的财产权分析》，载《北大法律评论》第5卷第2辑，法律出版社2004年版，第321—333页。

候，文章提出了一个分析模型，即“多中心主义+选择性司法”模式，指出法院为自我保护进行司法抑制、其他官僚机构的压力、法院中的非制度性因素这三方面共同导致了行政诉讼“立案难”的问题。法定立案标准的清晰与实际立案标准的模糊意味着法院实际上在立案阶段享有大量的自由裁量权。其将法院在立案阶段对法外自由裁量权的行使称之为“选择性立案”。其提出中国的行政诉讼是在法律与政策、实质正义与程序正义、维护行政与实现权利之间游移的选择性司法。文章进一步指出选择性司法并非是法院自己选择的，而是它所处的社会、政治、经济环境所决定的。中国行政诉讼面临的挑战也在于整个司法过程的选择性，以及这种选择性司法带来的不确定性。[①]

应星、汪庆华在《涉法信访、行政诉讼与公民行政救济中的二重理性》一文中直接将行政诉讼“立案难”问题概念化为“立案政治学”。所谓立案政治学，是指立案阶段也讲政治，讲原则性与灵活性相结合，讲法律效果与社会效果相统一。法院在审查行政案件时，不仅要审查《行政诉讼法》规定的立案形式要件，实际上还要考虑案件与当地的安定团结局势与党政中心工作的关系，考虑法院与地方党政机关的关系。“立案政治学”使立案问题从一个法律问题变成一个政治问题和社会问题。[②] 应星还利用这一概念初步考察了司法实践中立案难和不立案的具体原因，并指出立案难不一定是来自外部的地方政府和地方领导的直接干预，也可能同时是法院自我审查的结果。[③]

应星、徐胤在上述研究的基础上，采用田野调查的方法通过对两个基层法院行政庭的个案对比研究，通过对法院行政庭立案的运作过程及其实践逻辑的分析，拓宽和深化了行政诉讼中“立案政治学”

---

① 汪庆华：《中国行政诉讼：多中心主义的司法》，《中外法学》2007年第5期。

② 应星、汪庆华：《涉法信访、行政诉讼与公民行政救济中的二重理性》，载吴敬琏、江平主编：《洪范评论》第3卷第1辑，中国政法大学出版社2006年版，第198页。应星、徐胤：《“立案政治学”与行政诉讼率的徘徊——华北两市基层法院的对比研究》，《政法论坛》2009年第6期。

③ 应星：《行政诉讼程序运作中的法律、行政与社会——以一个“赤脚律师”的诉讼代理实践为切入点》，载《北大法律评论》第9卷第1辑，北京大学出版社2008年版，第17页。

的理解，并以此来尝试解释行政诉讼率徘徊不前的关键成因。同时指出法院在行政案件的立案中，形成了形式上由立案庭负责实际上是由行政庭负责立案的“立审分离的形式主义”，实际掌握立案权的行政庭通过对“案件法律量”的审查来主动筛选案件，从而达到“选择性立案”的目的。①

近年来，也有一些硕士论文开始对行政诉讼“起诉难”、“立案难”进行实证研究。有硕士论文通过实证研究的方法，分析某省不予立案的案件，从不予立案的地区分布、案件类型、行政行为种类、当事人的构成等几个方面归类分析我国行政诉讼发生“立案难”的原因，从具体诉讼制度层面及诉讼制度外诉讼环境、立法、执法、司法等层面对行政诉“立案难”问题提出应对建议。②

第三，现有研究宽度不够。

起诉作为整个诉讼程序的起点，本质上是一个诉讼法学的研究现象。但现有关于行政起诉的研究却没有重视诉讼理论方面的研究，即现有关于行政起诉的研究基本局限于行政法学领域，而对诉权、起诉权、起诉研究颇丰的诉讼法学界却鲜有研究行政起诉的。这既与行政诉讼法学的研究任务有关，也与行政诉讼法学研究队伍的专业性有关。

行政诉讼法学的研究是随着《行政诉讼法》的颁行才正式起步，20多年来，这一领域学者的主要研究任务有两个：一是解释现有制度，让民众了解行政诉讼法，传播监督行政、保障权利的法律意识；二是研究立法改革，为行政诉讼法的修改与完善提供理论准备与智力支持。而这两项研究内容似乎都围绕着一个关键词“行政行为”展开。这是因为我国现行的行政诉讼制度架构和安排采用的是彻底的、

---

① 应星、徐胤：《“立案政治学”与行政诉讼率的徘徊——华北两市基层法院的对比研究》，《政法论坛》2009年第6期。

② 侯云锦：《行政诉讼立案难问题探究——基于S省人民法院行政不立案案件的实证分析》，硕士学位论文，浙江工商大学，2012年。文章中收集不予立案案件材料样本的完整性存在不足和遗憾，但文章中对不予立案案件材料的归类分析还是具有一定的参考价值。

纯粹的行政行为中心主义。[①] 既然行政行为是行政诉讼制度构建的基石和运作的基点，是贯穿整个行政诉讼制度的主线，主导着行政诉讼进程的开展，行政法学者自然成为了行政诉讼法学研究的主力军。

从1982年《民事诉讼法》（试行）第3条第二款规定审理行政案件依照民事诉讼程序以来，行政诉讼制度及行政诉讼活动就带有“民事诉讼”的痕迹。在行政法学者主导的研究过程中，行政诉讼法学领域的研究主要是在解决“什么样的行政行为可以进入诉讼程序”、“如何评价被诉行政行为的合法性”等问题。对于适合行政诉讼的“诉讼制度”研究多有疏忽。之所以会形成如此局面，是因为学术界存在相当普遍的观点认为行政诉讼法不是一个独立的部门法，行政诉讼法只是行政法的一个部门，是行政法学的研究内容之一，即一方面，行政法学者坚持将行政诉讼法纳入行政法学的研究领域，反对行政诉讼法作为一个独立的部门法存在；另一方面，行政法学者又忽视对诉讼制度的研究。[②] 可见我国目前行政诉讼法学的研究队伍的专业性不足，这必将影响我国行政诉讼法学的发展。

关于诉权、起诉权或起诉制度的研究，民事诉讼法学领域比行政诉讼法学领域的研究要丰富成熟得多。[③] 有的行政诉讼法学研究直接将民事

---

① 杨伟东：《行政诉讼架构分析——行政行为中心主义安排的反思》，《华东政法大学学报》2012年第2期。

② 林莉红：《我国的行政诉讼法的研究状况及其发展趋势》，《法学评论》1998年第3期。

③ 有关民事诉权的专著就有江伟、邵明、陈刚：《民事诉权研究》，法律出版社2002年版；刘敏：《裁判请求权研究——民事诉讼的宪法理念》，中国人民大学出版社2003年版；左卫民等：《诉讼权研究》，法律出版社2003年版；相庆梅：《从逻辑到经验——民事诉权的一种分析框架》，法律出版社2008年版；任瑞兴：《在价值与技术之间：一种诉权的法理学分析》，法律出版社2010年版。博士论文有张晓薇：《民事诉权滥用规则论》，博士学位论文，四川大学，2005年；李相波：《民事诉权保障论：以民事起诉权和申请再审权保障为切入点》，博士学位论文，中国人民大学，2007年；潘牧天：《民事诉权滥用的侵权责任》，博士学位论文，黑龙江大学，2011年。有关民事起诉权的专著有柯友阳：《起诉权研究：以解决“起诉难”为中心》，北京大学出版社2012年版。有关民事起诉制度的专著有崔峰：《敞开司法之门——民事起诉制度研究》，中国政法大学出版社2005年版。博士论文有魏文超：《民事立案制度研究》，博士学位论文，中国政法大学，2008年；孟涛：《民事诉讼要件理论研究》，博士学位论文，重庆大学，2009年。与民事起诉制度相关的期刊论文、硕士论文则不计其数。上述论文检索结果来自中国知网的学术期刊数据库、博硕士学位论文数据库。

诉讼法学领域对民事诉讼与行政诉讼共有概念如诉权、起诉权、起诉、诉等的研究成果换上了“行政”的外衣。以民事起诉为研究对象形成的诉讼理论是否能完全或直接适用于行政诉讼领域呢？行政诉讼既为诉讼，必然具有作为一般诉讼的共性特征。例如，行政诉讼与民事诉讼一样都具备诉的要素与诉的基本特性，都存在对立两造的当事人，双方当事人的地位是平等的，法院处于居中地位裁判当事人之间的争议，因此，两者在许多原则、制度和程序上是相同或者相通的。因此，有些诉讼理论是可以借鉴的，但必须结合行政诉讼的特点。

熟悉民事诉讼制度与行政诉讼制度的学者，都清楚两者无论是发生机制、价值目标，还是诸如当事人、提起诉讼的条件、审查对象、管辖、诉讼时效、举证责任、审理程序等具体运作规则都具有各自的特征。这些区别的产生是由于行政诉讼中有行政权的参与，由于有行政权的参与使得行政诉讼法律关系比民事诉讼法律关系更为复杂。

民事诉讼是国家为平等主体在无法通过私力救济解决相互之间的民事权益争议时提供的一种纠纷解决机制。司法权代表国家公权力介入民事诉讼，居于中立地位，平等均衡对待双方当事人，通过裁决平等主体之间的民事争议，定纷止争，保障当事人的合法权益，达到消解矛盾、服务社会的目的。所以民事诉讼的主要功能在于裁断、调和、消解社会平等主体之间民事权益纠纷，其关键词是“解纷”，体现司法权对社会的公共服务。

由于有行政权的参与，行政诉讼的发生机制与民事诉讼完全不同。民事纠纷在诉至法院之前并未被法律调整，双方之间的权利义务处于不确定的状态，民事争议任何一方当事人不能自行确认对方当事人的权利义务，更不能以私力强制对方履行义务。而行政争议具有行政解决的前提。行政诉讼是行政相对人不服行政机关作出的已经生效的行政行为而提起的诉讼，换言之，行政相对人起诉的、行政诉讼审查的是行政机关作出的已经生效的行政行为，即国家行政机关运用行政权对相关事件和行为进行了法律调整且已经被法律赋予了公定力、确定力、拘束力、执行力的结果。如此，行政诉讼在做制度设计时不得不考虑司法权与行政权的关系，司法权要尊重行政权的首次判断权，而且也并非所有行政权行使的结果都适合由司法权进行审查，这也是为何行政诉讼中有受案范围的规定而民事诉讼中没有。法院要充分行使行政审判权，监督行政机关依法行政，维护当事人的合法权益，但又必须恪守在司法权限范围内，不得僭越行政权、代行行政职权。

另外，行政机关对行政法律关系具有单方形成权，享有法律赋予的各种方式去实现其作出的行政行为，其本身并不需要司法权来保障，需要行政诉讼保障的是被行政权侵害的行政相对人的合法权益。如果说民事诉讼体现的关键词是"解纷"，行政诉讼体现的关键词就是"救济"，即公民权利救济的最后屏障，而且是缺少对抗手段的行政相对人的唯一法律依靠。因此，行政诉讼在做制度设计时必须既要考虑司法权对行政权审查的"度"，也要考虑尽可能对行政相对人予以最大程度的救济。司法权在行政诉讼中需要在监督行政和救济行政相对人合法权益之间找到一个合适的平衡点。这就使得行政诉讼的许多规则与民事诉讼不同。

我们在研究行政起诉时，既要考虑到行政诉讼与民事诉讼的共性，借鉴民事诉讼成熟的研究成果，扩宽我们的研究思路，同时也要结合行政诉讼自身的特性，研究适合行政诉讼的"起诉制度"。

（二）国外研究现状

当今世界行政诉讼制度，根据两大法系的法律传统可以分为英美型和大陆型两种类型。英美法系的行政诉讼制度称为"一元裁判体制"，行政案件由普通法院审理；大陆法系行政诉讼制度又称为"二元裁判体制"，行政案件由独立于普通法院的行政法院来审理。随着"接近正义"运动的推行，无论是在英美法系，还是大陆法系，在行政诉讼起诉制度中，几乎都实行立案登记制，只要当事人向法院提交了符合法律规定的起诉状，诉讼程序就能启动，故一般不存在"起诉难"的问题。西方国家对诉讼制度研究的重点不在于如何让当事人接近司法，而在于降低诉讼成本、提高诉讼效率、解决诉讼迟延、裁判不公等问题。

就目前笔者所掌握的国外资料看，大陆法系对诉权理论有深入研究，起诉权大多作为国民基本权——司法救济权的一部分，放在宪法中进行研究。因此，对起诉权的专门研究极少。英美法系国家则注重司法实践中诉权的保障，极少进行理论上的深层次探讨，而不像大陆法系国家涌现出许多内涵各异的诉权学说。两大法系在行政诉讼（司法审查）中均实行行政行为可诉假定、诉讼低廉、繁简分流，有行之有效的司法救助和法律援助制度，且实行立案登记，因此，行政起诉权得到了较充分保障，基本不存在我国出现的行政“起诉难”的问题。其研究重点是解决诉讼程序繁琐、诉讼成本过高和诉讼迟延的问题，也就是诉讼公正和效率问题。

英美法系的司法审查被视为民事诉讼的特别程序，因此，司法审查也体现着民事诉讼的传统与特征。英美法系在观念上把诉讼看成是当事人的私人事务，在诉讼程序上实行对抗制，诉讼程序的进行实行当事人进行主义，即由当事人负责诉讼程序的运作。大陆法系对待诉的合法性问题，采取了与英美法系不同的理念。在大陆法系，对于诉讼要件，往往视为法官职权判断的事项，仅在个别情况下由当事人抗辩，体现了大陆法系行政诉讼的职权主义特征。

配合大陆法系行政诉讼的职权主义，大陆法系行政诉讼理论将行政诉讼审理程序分为两阶段，即“两段式诉讼审理模式”。第一阶段为诉讼审理阶段，主要审理原告所提之诉是否合法，审查的标准为诉讼要件。大陆法系诉讼理论认为诉讼要件是当事人寻求公力救济时，法律秩序所要求的条件，故起诉的合法性（或称“有效性”、“适法性”）体现了公益性。因此，诉讼要件属于法院职权调查事项。第二阶段为本案审理阶段，法院审理原告提出的诉讼请求是否有理由，审理标准为权利保护要件。

在大陆法系提起行政诉讼，在程序上一般会产生诉讼系属、受诉行政法院管辖恒定、案件当事人恒定、诉讼标的确定、禁止当事人重复起诉等法律效力。在实体法上，大陆法系国家和地区无论是实行起诉停止执行原则，还是实行起诉不停止执行原则，起诉对被诉行政行为的效力都是有影响的。

大陆法系国家和地区关于行政诉讼的诉讼要件、“两段式诉讼审理模式”以及诉讼系属的理论研究较为成熟。这些理论有助于完善我国行政起诉制度，使起诉制度更加科学、更加符合诉讼规律。

三　研究的主要内容、研究方法

（一）研究的主要内容

本书主体分为五章。第一章，用实证研究的方法向读者描述我国行政起诉的现实状况。本章从当事人起诉和法院立案两方面来考察我国行政起诉制度的运行状况。从当事人起诉来看，大多数当事人不会选择行政诉讼来解决行政纠纷，主要是因为当事人有后顾之忧，担心会遭受行政机关的报复，民众对行政诉讼实效性评价不高，对法院不信任，对行政诉讼没有信心。从法院立案来看，我国行政诉讼立案整体情况比较惨淡，一审行政诉讼案件数量少，占一审案件的比例极低，这反映行政诉讼利用率低，行政案件的“出口”问题是法院立案时必须考虑的因素。在具体个案上，行政诉讼立案存在选择性立案，表现为对地域、立案时间、案件类型、当事人（原告）的选择。法院之所以会进行选择性立案，是因为审慎立案的司法政策、法院的司法资源欠缺和司法能力有限、法院规避和降低审判风险。行政“起诉难”或“立案难”是我国行政诉讼制度实施陷入困境的一个缩影。

第二章，行政起诉制度构建的目的是为了保障当事人行政起诉权的行使。行政起诉权是当事人提起行政诉讼的权利依据，与民事起诉权相比，其具有单方性、政治性、处分的有限性、对行政权的反抗性以及对实体权益保障仅具有形成性等特点。行政起诉权的行使能直接启动行政诉讼第一审程序，并为行政诉讼功能的发挥、公众参与行政提供了可能性。行政起诉制度应以当事人起诉权之保障为构建与运行目标。现实中司法实务部门担心，敞开法院的大门会导致当事人滥诉，会使法院案件数量激增，导致审判质量的下降，最终有损司法权威。其实，让行政纠纷毫无障碍地进入法院只是司法权对当事人起诉权的一种尊重，并不意味着所有进入法院的行政纠纷都会进行实体裁判。诉讼是分阶段的，包括立案阶段、诉的合法性审查阶段以及案件实体审理阶段。诉讼中要设置诉讼要件，以过滤不合法的起诉，保证进入实体审理阶段的案件必须是适合法院审理且法院也能够审理的案件。

第三章，域外一些行政法治环境较好的国家和地区对行政相对人权益的救济实行行政内救济和司法救济并行的双轨制，提起行政诉讼（司法审查）之前一般都会经过行政内救济程序，实行立案登记制。因此，在这些国家和地区提起行政诉讼（司法审查）基本上不存在困难。域外的行政内救济先行原则、立案登记制、大陆法系诉讼系属理论和“两段式诉讼审理模式”以及当事人在受理程序（或诉讼审理阶段）中的程序参与权等经验都是值得我国行政起诉制度借鉴的。

第四章，《行政诉讼法》（1989 年）为了防止当事人滥用起诉权，规定了严苛的起诉条件和行政化的立案审查制，一审行政诉讼程序的起点是法院受理而非原告起诉。起诉条件“高阶化”，不仅为原告行使行政起诉权设置了障碍，而且使法院在诉讼程序开始之前行使立案审查权的合法性受到质疑。

第五章，《行政诉讼法》（2014 年）虽然确立了人民法院和行政机关应当保障当事人的起诉权，扩大了受案范围，增加了口头起诉方式，规定了立案登记制，强化了法院受理程序约束，明确了法院侵犯当事人起诉权的责任，但并未从根本上改变起诉条件“高阶化”。行政起诉制度不仅应在形式上尊重行政起诉权，立法上起诉条件形式化，实行立案登记制，让当事人能够无障碍地进入行政诉讼，通过起诉直接启动行政诉讼第一审程序。更应当使行政起诉权得到实质性保障，科学、合理设置诉讼要件，确立行政内救济先行原则，规范驳回起诉裁定，同时完善起诉权的救济制度与其他保障制度。

（二）研究方法

1. 规范研究方法

法律规范是法律适用的主要对象，规范解释学是法学研究的基本方法。当今世界现有的行政诉讼制度无一例外都对行政起诉制度进行了规定，可以说行政起诉制度是一个再规范不过的“规范法学”的课题。因此，借鉴域外的成功立法例、完善我国行政起诉制度，规范性的解释方法成为首选的研究方法。无论是行政起诉制度的建构，还是行政起诉制度的完善，都应以域内、外的现行立法为基础。规范研究从两个层次进行：一是解释法律“是什么”（实然分析），二是说明法律“应该是什么”（应然分析）。因此，本书将对现有关于行政起诉制度的法律规范进行解释分析，一方面从实然角度对其内容进行注释性解析，另一方面从应然角度分析其优劣得失，为相关规范的进一步完善提出建议。在该过程中，应全面分析行政起诉制度相关规范的各项内容，进而查漏补缺，最终落脚于特定规范的调整和改进上。

2. 比较研究方法

作为法学领域的一种重要研究方法，比较研究法是根据一定标准，对两个或两个以上存在一定联系的法学理论或法律制度进行考察，寻找其异同，探求其相关规律的方法。按时空区别，比较研究法可分为纵向比较法和横向比较法。纵向比较法又称历史研究法，是比较同一法学理论或法律制度在不同时期的形态，从而认识其发展变化过程，进而揭示其发展规律。总体而言，行政起诉制度大致经历了完全适用民事起诉制度，到独立于民事起诉制度并不断完善的发展历程。研究行政起诉制度自然应追根求源，追溯该制度发展的轨迹，探究其中某些规律性的东西，一则描述、分析和解释过去的历程，二则揭示当前值得关注的问题，再则可对该制度的未来进行合理性预测。横向比较法是对空间上同时并存的法学理论或法律制度的既定形态进行比较。对于行政起诉制度而言，其一要比较行政起诉制度与民事起诉制度在起诉的条件、审查程序、法律效力等各个方面，找出异同，分析原因并加以评析，进而揭示行政诉讼与民事诉讼差异之根源。其二对不同国家和地区对该制度的不同规定予以比较，分析其异同，判断各自的优势和缺陷，进而探寻完善该制度的可行路径。

3. 实证研究方法

实证研究方法的主要特点是通过对客观存在物的验证（即所谓“实证”）来概括和说明已有的结论是否正确。起诉是每一起行政案件的必经程序，行政起诉制度研究的最终目的是为了保障起诉权、规制审判权，实现公正与效率的价值追求。因此，本书的研究将始终保持“问题意识”，就我国行政起诉制度在运行中存在的突出问题列出清单，在此基础上剖析原因，寻求完善行政起诉制度的出路。同时，作为一项实践性极强的课题，行政起诉制度的研究离不开对审判实践的考察和检验。因此，对该问题的研究应立足审判实践，广泛搜寻各项资讯和素材，尤其要注意收集审判实践中驳回起诉裁定的具体案例，在整理和分析的基础上，通过提取数据和调查走访等方式全面了解该制度在实践中的运行状况，一方面总结审判实践中的经验，另一方面也查找存在的问题，进而将调研结果融入对制度的体系性分析，为制度的完善和发展提供可行性意见，从而真正做到“理论联系实际、理论推动实践”。

第一章

中国行政起诉现状研究

我国行政起诉与立案的现实状况是武汉大学法学院林莉红教授主持的“中国行政诉讼制度改革与实践”项目（2010 年 11 月至 2013 年 12 月）的调研内容之一，笔者作为课题组成员之一参与了该项目的调查和研究。[①] 项目调查主要包括问卷调查、访谈调查以及裁判文书收集与研读。为了调查我国《行政诉讼法》（1989 年）的实施状况，针对普通民众、律师、行政机关工作人员、法官四类群体，课题组分别设计了四种调查问卷。调查问卷中涉及行政起诉的题有：“如果您不服行政机关的处罚，您首先会怎么办”、[②]“如果您的当事人不服行政机关的处罚，您会建议当事人首先怎么办”[③]“如果您所在的行政机关因为您的执法行为与老百姓发生纠纷，您最希望老百姓采取哪种方式解决”、[④]“某人不服行政机关的处罚到法院起诉，您认为他为什么会选择到法院去打官司”、[⑤]“如果某人不服行政机关的处罚，却没有到法院去打官司，您认为最主要的原因是什么”、[⑥]“在您的印

---

① 本书中的数据除标明出处外，均来自于该项目，在此，对该课题组的老师和同学表示感谢。

② 该题为民众卷第 16 题、律师卷第 14 题、行政机关工作人员卷第 13 题、法官卷第 13 题。

③ 该题为律师卷第 20 题。

④ 该题为行政机关工作人员卷第 20 题。

⑤ 该题为民众卷第 14 题、律师卷第 11 题、行政机关工作人员卷第 11 题、法官卷第 10 题。

⑥ 该题为民众卷第 15 题、律师卷第 23 题、行政机关工作人员卷第 12 题。很遗憾法官卷遗漏了这一题。

象中，有没有行政案件应当受理而没有受理的情况”。[①]行政立案情况是我们与法官座谈的主要内容之一。本章拟从当事人起诉和法院立案两方面来观察我国行政起诉制度的运行状况。此项目所有调查数据均在2013年12月之前获取，故本项目对我国行政起诉制度的实证研究只针对《行政诉讼法》（2014年）实施之前的状况。

第一节　从当事人起诉看行政“起诉难”

一　从行政纠纷解决方式的选择看起诉

起诉可以从不同角度进行理解。从诉讼程序的角度来讲，起诉是整个诉讼程序的起点；从权利行使的角度来说，起诉是当事人行使起诉权要求法院救济其权益的行为；若从纠纷解决途径的选择来讲，起诉表明当事人有将纠纷提交法院运用司法程序予以解决的意愿。课题组调查了四类群体遇到行政纠纷，选择纠纷解决途径的意愿。调查问卷询问“如果您不服行政机关的处罚，您首先会怎么办?”[②]我们将行政纠纷设定为实践中比较常见的行政处罚，考察受访者遇到一般普通的行政纠纷，其对纠纷解决方式的第一选择。

调查结果显示（见表1-1)，第一，提起行政诉讼并不是大多数受访者遇到行政纠纷时的首选纠纷解决途径。在民众、律师、行政机关工作人员和法官四类群体中，没有一个群体首选“到法院打官司”的比例排在首位。行政诉讼作为整个行政纠纷解决机制中的最终环节，从理论上讲，其没有必要作为解决行政争议的首选方式，这也符合课题的理论假设。当然，还有许多其他因素影响当事人对行政诉讼的选择。比如，行政诉讼功能发挥得不尽如人意，也是原因之一。

第二，多数受访者更倾向于先由行政机关解决行政争议。从四类群体

① 该题为法官卷第15题。

② 除特别说明外，文中数据分析只采用有效百分比。统计数据时，我们保留了小数点后1位，故有些有效百分比总计只有99.9%。

选择行政纠纷解决方式的排序来看，律师和行政机关工作人员首选行政复议的比例排在首位，普通民众和法官首选“与行政机关沟通”的比例排在首位，律师作为诉讼代理人向当事人建议解决行政纠纷的首选方式排在前二位的是“申请行政复议”和“与行政机关沟通”，[①] 行政机关工作人员作为行政职权的实施者与老百姓发生纠纷，最希望老百姓采取的纠纷解决方式排在前二位的也是“申请行政复议”和“面对面协商，‘私了’”。[②]“申请行政复议”和“与该行政机关沟通”都是由行政机关来解决行政纠纷。可见，社会各界比较青睐先由行政机关来解决行政纠纷。

行政复议是行政系统内部解决纠纷的方式，与行政诉讼相比，行政复议的程序更加简便、解决纠纷更加迅速、解决纠纷的成本更低。“与该行政机关沟通”是行政机关与行政相对人比较温和的、非对抗式的解决行政纠纷的方式，与行政诉讼相比，其虽没有严格的法律规则，也没有严格的操作程序，且达成的协议也没有法律效力，但此方式没有对抗性，虽然实践操作中可能会出现变通法律的情形，却能够比较和谐、圆满、低成本地解决双方之间的行政争议，能够取得较好的社会效果。[③] 另外，笔者认为首选行政机关解决行政纠纷，还表达出社会各界对行政纠纷解决方式的一种认知，即社会各界都认识到行政诉讼解决行政纠纷存在局限性，认为行政纠纷由行政机关解决最合适、最方便、最有效、最彻底，也最符合我国当前现实。

第三，大多数受访者遇到行政纠纷，宁愿选择制度化的途径（行政复议、行政诉讼）来解决纠纷，也不愿意首选“忍了算了”、“找关

---

① 律师卷第20题“如果您（或您的当事人）不服行政机关的处罚，您首先会怎么办”，受访律师首选纠纷解决方式的排序依次为“申请行政复议”（33.7%）、“与该行政机关沟通”（26.1%）、“到法院打官司”（23.5%）、“找关系私了”（4.7%）、“找媒体曝光”（3.6%）、“其他”（3.6%）、“忍了算了”（3.1%）、“去信访”（1.6%）。

② 行政机关工作人员卷第20题“如果您所在的行政机关因为您的执法行为与老百姓发生纠纷，您最希望老百姓采取哪种方式解决”，受访行政机关工作人员选择纠纷解决方式的排序依次为“申请行政复议”（55.9%）、“面对面协商，‘私了’”（20.4%）、“直接到法院打官司”（11.0%）、“不要来找麻烦最好”（4.5%）、“其他”（4.4%）、“去信访”（2.2%）、“找媒体曝光”（1.7%）。

③ 江必新：《在法律之内寻求社会效果》，《中国法学》2009年第3期。

系私了”或强对抗式的方式（信访、找媒体曝光）。四类受访对象，除普通民众外，选择“忍了算了”的比例都不高。无论是学历层次，还是对行政诉讼法的了解程度，受访的律师、行政机关工作人员和法官要远远高于受访的普通民众。[①] 这三类群体之所以不会“忍了算了”，而更倾向于利用法律制度来解决行政纠纷，除了维权意识强于普通民众以外，他们所拥有的利用法律制度解决行政纠纷的能力、手段和资源也是普通民众所不能比拟的。换言之，提高民众的文化素质、继续推行普法宣传，让大家多了解法律，既可以增强维权意识，也能提高维权能力。

四类调查对象选择信访的比例都不高。除普通民众外，其他三类调查对象选择“找媒体曝光”的比例也很少。信访和“找媒体曝光”虽然能给行政机关形成一定的压力，从而促使有关机关满足当事人的要求。但从整体上看，信访和“找媒体曝光”并不一定比制度化方式更有效、成功率更高。而且，当事人一旦信访或“找媒体曝光”，其自身所遭受的压力或报复可能要比采取制度化方式更甚。所以，信访或“找媒体曝光”一般是在行政纠纷通过现有法律途径无法救济当事人权益之后，当事人被迫或无奈采取的没有办法的办法。因此，这两种方式肯定不会成为社会各界解决行政纠纷的首选。

表 1-1　四类调查对象回答“如果您不服行政机关的处罚，您首先会怎么办？”的比例数据　（单位：%）

选项 调查对象及结果	忍了算了	与该行政机关沟通	找关系“私了”	申请行政复议	到法院打官司	去信访	找媒体曝光	其他
民众	16.4	20.1	13.1	19.2	11.2	5.6	12.8	1.5
律师	3.8	30.0	7.4	30.1	18.2	2.6	5.2	2.8
行政机关工作人员	4.9	25.9	7.5	42.9	7.8	3.9	3.2	3.8
法官	6.1	34.3	9.8	15.5	24.6	3.5	2.4	3.9

① 普通民众、律师、行政机关工作人员和法官四类群体的学历在本科及以上的比例分别为：42.4%、96%、65.9%和93.4%。普通民众、律师和行政机关工作人员对我国行政诉讼的了解程度，选择“很了解”的比例分别为3.8%、29.7%和14.2%，选择“一般了解”的比例分别为37.6%、64.4%和62.8%。

二　当事人未提起行政诉讼的原因

课题假设，当事人遇到行政纠纷，不仅不会选择行政诉讼作为解决纠纷的首选途径，甚至根本不会选择行政诉讼。对于前者，通过前述调查结果已经得到验证；至于后者，从每年全国一审行政诉讼案件数来看，绝大多数当事人遇到行政纠纷，不会选择行政诉讼，已经成为免证事实。因此，课题组认为已无必要专门设计一题询问受访者，“遇到行政纠纷，您是否会提起行政诉讼”。

课题组调查了当事人遇到行政纠纷没有提起行政诉讼的原因。调查询问“如果某人不服行政机关的处罚，却没有到法院打官司，您认为最主要的原因是什么”。面对一般普通的行政案件，当事人没有向法院提起行政诉讼的现实原因可能很多，课题组假定有这样几项：“打官司不能真正解决问题”、“不可能打赢官司”、“即使打赢了官司，也得不偿失”、“不知道被行政执法行为侵害了还可以打官司”以及“其他”。此题调查了普通民众、行政机关工作人员和律师三类群体，刻意在法官卷回避了该题。因为设定的选项几乎都是对行政审判的否定性评价，课题组认为法官内心深处是抵触这样的问题，即使调查，结果也可能失真。

调查结果显示（见表 1-2），除了行政机关工作人员外，受访律师和普通民众认为当事人遇到行政纠纷未提起行政诉讼的主要原因是“不知道被行政执法行为侵害了还可以去打官司”的比例是各项具体原因中最低的。如果当事人未起诉是因为这个原因，要改善行政起诉状况，则相对简单一些，只需加强普法宣传，应该会有效果。

但现实并不如此。38.1%的受访律师、34%的受访民众以及 27.3%的受访行政机关工作人员认为当事人没有起诉最主要的原因是“即使打赢了官司，也得不偿失”。换言之，官司虽然打赢了，但当事人可能会有后顾之忧，或者说，官司虽然打赢了，但行政诉讼却不能真正实现当事人的实体权益，反而可能会遭受到行政机关的报复，即“赢了一阵子、输了一辈子”。这也是司法实践中，行政诉讼非正常撤诉率[①]一直居高不下的原因之一。“由于完善对行政权的监督非一时之功，更不是个案诉讼所能够解决，原告不难感受到行政权的随时威胁。法院即使能够保护一时，却不能保护一世。原告如果能够通过诉讼逼行政机关作些让步，可能已是上上大吉，要想彻底翻案，反而可能遭‘秋后算账’。所以，原告申请撤诉，不管是有利可图的，还是委屈求全的，对他而言，都是基于现实的利害考虑而作的理性选择”。[②]

此外，30.8%的受访律师、27.4%的受访行政机关工作人员以及21.8%的受访民众认为当事人未起诉最主要的原因是“打官司不能真正解决问题”。换言之，行政诉讼只能从法律上对行政纠纷作出一个裁判结果，并不能真正解决行政纠纷背后的社会问题、政策性问题、历史遗留问题以及行政纠纷背后各方当事人之间的实体利益冲突。当前行政相对人与行政主体之间的行政纠纷不单纯是法律问题，许多纠纷都涉及或掺杂着社会问题、政策问题或历史遗留问题，显然，这些问题的解决已经超出了行政诉讼的能力范围，甚至可以说超出了司法能力的范围。行政诉讼本身司法审查的属性决定了其解决不了或不能真正解决我国当前的行政纠纷。这也是为何司法实践中存在如此多的涉诉信访。除了司法能力有限之外，我国现行行政实体法落后、不完善，以至于许多行政纠纷无法纳入法律纠纷的范畴，无法用法律对其进行评判也是原因之一。

另外，有21.9%的受访民众、15.3%的受访律师和12%的受访行政机关工作人员认为原告没有起诉的主要原因是即使起诉“也不可能打赢官司”。在中国当前的司法状况下，打官司实际上是各方当事人实力的较量。显然，行政相对人与行政机关的实力不在同一等级，行政相对人的实力根本无法与行政机关相抗衡。既然不可能打赢官司，又何必起诉呢。“诉讼能够有效解决争端，前提是各方和平、理性地对待诉讼，

---

① 行政诉讼的“非正常撤诉”具有如下特点：原告对被诉具体行政行为并非没有异议；原告撤诉也非心甘情愿，而是受外力影响；撤诉时原告权益未得到保护；法院对原告的撤诉申请“绿灯放行”。何海波：《行政诉讼撤诉考》，《中外法学》2001年第2期。

② 何海波：《行政诉讼撤诉考》，《中外法学》2001年第2期。

尊重对方的基本权利。可是，如果一方不讲 fair play，那么，就剩下赤裸裸的实力较量。多数情况下，行政诉讼显然是一场实力过于悬殊的较量。这不仅因为原告手无寸柄，而被告掌握着行政权力，更因为被告可能滥用行政权力”。[①] 受访律师和民众可能还存在一种认识，认为法院和行政机关是一家，法院要配合行政机关的工作，法院也要服务大局，因此，在行政诉讼中，法院肯定会“帮”被告，原告胜诉的几率渺茫。在其他调查题中也验证了这一看法。调查问及“您觉得在行政诉讼中法院对老百姓与对行政机关的态度有差别吗”，54.3%的受访律师和47.3%的受访民众认为法院“对行政机关态度好些”。[②] 调查还问及“凭您感觉，行政诉讼中哪方胜诉多些”，59.8%的受访律师和46.5%的受访民众认为被告胜诉多些，[③] 这些比例远远高于受访法官和行政机关工作人员这两类“官方”群体。显然，律师和普通民众对司法独立与法官公正审判缺乏足够的信任，对行政诉讼胜诉缺乏足够的信心。有受访民众在开放题的回答中更为直观地写道：“行政诉讼官官相护，告赢政府不容易。”（问卷编号为 X1-061）[④] “民告官，难难难，官官相护。”（问卷编号为 X7-045）[⑤] “据我的了解，民告官绝不能赢，即使是赢了，也会是‘赢了官司输了钱’。老百姓是无论如何也奈何不了官的。”（问卷编号为 X9-076）[⑥] 这种认识表达出受访者对法院在我国当前政治体制中的尴尬地位的无奈感以及对法院的不信任。担心法院“偏官压民”、“官官相护”而导致司法不公，无疑是当事人选择行政诉讼的观念障碍。

---

① 何海波：《行政诉讼撤诉考》，《中外法学》2001 年第 2 期。

② “您觉得在行政诉讼中法院对老百姓与对行政机关的态度有差别吗”，受访律师、民众、行政机关工作人员和法官选择“对行政机关态度好些”的比例分别为 54.3%、47.3%、26.4%和 11.5%。

③ “凭您感觉，行政诉讼中哪方胜诉多些”，受访律师、民众和行政机关工作人员选择“被告胜诉多些”的比例分别为 59.8%、46.5%和 33.1%，此题没有调查法官。

④ 林莉红主编：《行政法治的理想与现实——〈行政诉讼法〉实施状况实证研究报告》，北京大学出版社 2014 年版，第 507 页。

⑤ 同上书，第 511 页。

⑥ 同上书，第 515 页。

总体来看，“即使打赢了官司，也得不偿失”、“打官司不能真正解决问题”和“不可能打赢官司”都是对行政诉讼的否定看法，84.2%的受访律师、77.7%的受访民众和66.7%的受访行政机关工作人员对行政诉讼实践持怀疑甚至否定的看法。虽然在立法目的的选择上，多数受访者认为《行政诉讼法》首要的立法目的是保护公民权利（见表1-3），但对其实际作用进行评价时，除了受访行政机关工作人员外，大部分受访法官、受访民众、受访律师都认为行政诉讼保护老百姓合法权益的作用有限（见表1-4）。换言之，行政诉讼所追求的保护公民权益的立法目的并没有真正实现，社会各界对行政诉讼的实效性评价并不高。根据社会学研究中的相关理论，人们对行动结果的预期控制着人们的行为。在产生行政争议时，当事人是否会选择行政诉讼解决纠纷，取决于其对诉讼结果的价值评价和预期达成该结果可能性的估计。行政诉讼差强人意的实效性，使得行政审判庭出现“门可罗雀”的尴尬局面也就不足为奇了。

表1-2 三类调查对象回答“如果某人不服行政机关的处罚，却没有到法院去打官司，您认为最主要的原因是什么?”的比例数据 （单位:%）

选项 调查对象及结果	打官司不能真正解决问题	不可能打赢官司	即使打赢了官司，也得不偿失	不知道被行政执法行为侵害了还可以去打官司	其他
民众	21.8	21.9	34.0	18.6	3.7
律师	30.8	15.3	38.1	10.5	5.4
行政机关工作人员	27.4	12.0	27.3	23.4	9.9

表1-3 三类调查对象回答“您认为我国制定行政诉讼法最主要是为了?”（单选，限选一项）的比例数据① （单位:%）

选项 调查对象及结果	解决纠纷、促进和谐	保护公民、法人和其他组织的合法权益	监督行政机关	说不清楚
民众	17.6	49.0	16.5	16.9
行政机关工作人员	18.6	61.5	13.5	6.4
法官	25.0	52.9	19.0	3.1

① 很遗憾律师卷遗漏了这一题。

表 1-4　四类调查对象回答“您认为行政诉讼制度能保护老百姓的合法权益吗?”的比例数据　（单位:%）

调查对象及结果比例 \ 选项	能	作用有限	不能	“赢一阵子，输一辈子”	说不清楚
民众	17.4	48.1	10.4	8.8	15.2
律师	18.4	66.6	6.4	3.6	5.0
行政机关工作人员	48.9	38.4	3.2	2.1	7.3
法官	36.4	59.4	1.2	0.9	2.2

三　当事人提起行政诉讼的原因

虽然课题假设绝大多数当事人遇到行政纠纷不会提起行政诉讼，现实中，行政诉讼案件虽然少，但确实客观存在。我们不禁好奇，既然社会各界对行政诉讼的实效性评价并不高，对行政诉讼的期待也不高，为何还是有当事人提起行政诉讼呢。调查询问“某人不服行政机关的处罚到法院起诉，您认为他为什么会选择到法院去打官司”。课题组以为该题的调查结果会延续对行政诉讼的否定性评价，大多数受访者可能会认为当事人遇到行政纠纷并不愿意提起行政诉讼，只有在其他途径比如协商、调解或行政复议等途径无法奏效时才会转而诉诸法院，且对行政诉讼也没抱多大希望，只是“死马当活马医”，故我们假设大多数受访者会选择“迫不得已才打官司”。可调查结果有点出乎我们的意料，除受访律师外，其他三类受访群体选择“相信法院会作出公正的裁决”的比例远远高于选择“迫不得已才打官司”的比例（见表 1-5）。如果说受访法官和行政机关工作人员作为“官方”群体，有追求标准答案的可能，但超过半数的受访民众认为当事人提起诉讼是因为“相信法院会作出公正的裁决”，则让我们感到一丝诧异和困惑。笔者认为与其说民众相信法院会作出公正的裁决，不如说民众希望法院能作出公正的裁决。这表达出普通民众对行政诉讼、对法院有一种矛盾的心理，一方面对法院不信任、对行政诉讼的实效性持怀疑态度，另一方面，对行政诉讼又存有期待。

鉴于司法实践中行政诉讼的高撤诉率，我们假设当事人提起行政诉讼是为了将“打官司作为与行政机关谈判的筹码”。实践中部分行政机关将败诉率与行政机关的绩效考核或工作人员的奖惩晋升挂钩，课题组以为原告可能会抓住行政机关领导怕败诉、怕事态闹大，尤其是担心事件曝光后不好收场的心理，将诉讼作为谈判的筹码，在诉讼中迫使被告让步，从而满足自己的权益要求。数据显示，只有10.6%的受访律师、10.4%的受访法官、9.2%的受访行政机关工作人员和7.6%的受访民众认为原告起诉是“将打官司作为与行政机关谈判的筹码”。显然，社会各界认为当事人并不是为了让被告妥协才会去起诉的，将诉讼作为一种迫使被告妥协的方式在实践中并未有多大效果。

表1-5 四类调查对象回答“某人不服行政机关的处罚到法院起诉，您认为他为什么会选择到法院去打官司?”的比例数据 （单位：%）

选项 调查对象及结果	相信法院会作出公正的裁决	迫不得已才打官司	将打官司作为与行政机关谈判的筹码	其他
法官	48.4	37.1	10.4	4.0
民众	50.2	39.9	7.6	2.4
行政机关工作人员	59.0	22.3	9.2	9.4
律师	25.3	61.8	10.6	2.3

第二节 从法院立案看行政诉讼“立案难”

在我国，立案标志着诉讼程序的启动和对权益救济的开始，标志着行政审判权对行政权的介入。立案工作是法院审判工作的重要组成部分。笔者先从全国性的司法统计数据来了解全国行政诉讼立案的整体情况，然后，结合课题组的调查与访谈，探讨一些行政诉讼立案的具体情况。

一 行政诉讼立案整体情况比较惨淡

最高人民法院发布的司法统计数据是研究起诉与受理制度及其运

行状况的重要、直观的第一手材料，能够反映全国法院一审行政案件的发展变化，是宏观层面上进行实证研究的重要方法。

1. 一审行政案件数量整体呈波动性增长，但占一审案件的比例极低。

我国一审行政案件数量增长明显受最高法院司法政策的驱动。全国一审行政案件的收案情况分为四个阶段（具体数据见表1-6）。

第一阶段从1989年至1998年，为行政案件数量快速增长时期。1989年，行政诉讼法实施之前，全国一审行政案件只有9934件，占全国案件数量的0.34%。1990年10月随着《行政诉讼法》的实施，受案范围较之以前有了明显的扩大，因此，1991年全国一审行政案件数量有一个突飞性的增长，比1990年的案件数量增长了近1倍。但是，接下来两年受案数量没有多大变化，一直未突破3万件，行政案件数量过少的情况引起了法院系统内的高度重视，各级法院的各种报告和领导讲话纷纷要求“大胆受案”、“广辟案源”。一时间，“上立案数”成为各级法院行政审判工作的首要目标，许多地方法院还实施了确保立案数的措施和方法。[①] 这些措施和方法的成效表现为20世纪90年代中期，行政诉讼案件数量经历了一次快速增长。到1998年，全国一审行政案件数量达到98350件，比1989年增长了近10倍，占全国案件数量比例也从0.34%增加到1.82%。但自此以后，一审行政案件数量又开始徘徊不前。

第二阶段从1999年至2006年，为行政案件数量停滞波动时期。1999年到2006年（2001年除外）的全国一审行政案件数量基本上都未超过1998年的数量。但2001年一审行政案件数量突破10万件，达到100921件，占全国案件总数的比例达到2015年之前的历史最高，即1.89%。估计与2000年最高人民法院《行诉若干解释》的颁布有关。

第三阶段从2007年至2014年，为行政案件数量平稳增长时期。

---

① 具体“抓立案”、确保立案数量的措施和方法参见何海波《行政诉讼撤诉考》，《中外法学》2001年第2期。

2007 年一审行政案件数量开始回升，重新迈入 10 万件，并每年保持 7%的增长率，这可能与 2006 年中央办公厅、国务院办公厅下发《关于预防和化解行政争议、健全行政争议解决机制的意见》之后，最高人民法院就行政诉讼问题发布多个司法文件有关。其中 2009 年最高人民法院发布的《最高人民法院关于依法保护行政诉讼当事人诉权的意见》，要求进一步重视和加强行政案件立案受理，依法保护当事人的诉讼权利，切实解决行政诉讼立案难问题。致使 2009 年一审行政诉讼案件数有较明显的提升，迈入 12 万件，2011 年全国法院一审行政案件数量首次超过 13 万件，2012 年、2013 年一审行政案件数量稳定在 12 万多件，2014 年一审行政案件数量增长到 14 万件。这一时期，一审行政案件的数量是在增长，但是一审行政案件数量占全国法院案件数量的比例却在下降。说明这一时期，行政诉讼案件增长率是低于整个案件数量增长率的。

第四阶段从 2015 年至今，2015 年全国一审行政案件无论是数量还是在全国案件数量所占比例都有非常明显的增长，一审行政案件数量突破 20 万件，达到 220398 件，比 2014 年增长了 78518 件，增长率高达 55%。一审行政案件在全国一审案件中所占比例也达到空前的 1.93%。造成这一明显增长的原因就是 2015 年 5 月 1 日，立案登记制开始实行。中国共产党十八届四中全会通过的《中共中央关于全面推进依法治国若干重大问题的决定》明确指出，“改革法院案件受理制度，变立案审查制为立案登记制，对人民法院依法应该受理的案件，做到有案必立、有诉必理，保障当事人诉权”。为响应十八届四中全会决定的号召，2014 年 11 月 1 日修改《行政诉讼法》时将立案方式修改为登记立案制。2015 年年初，最高人民法院又出台了《关于人民法院推行立案登记制改革的意见》（以下简称《立案登记制改革的意见》）和《关于人民法院登记立案若干问题的规定》（以下简称《登记立案规定》），前者侧重于从宏观上指导立案登记制的改革，后者立足于从操作层面上明确登记立案的具体流程。2015 年 4 月 1 日，中央全面深化改革领导小组第十一次会议审议通过了《立案登记制改革的意见》。2015 年 4 月 13 日，最高法院审委会 1647 次会议讨论通过了《登记立案规定》，决定《登记立案规定》与《立案登记制改革的意见》一起于2015年5月1日实施。与立案审查制不同，立案登记制实质是诉状登记立案制，当事人只要提交了符合法律规定的诉状，法院就必须当场立案。立案登记制的实施使得法院立案的门槛已大幅度降低，甚至可以说法院的大门基本敞开了，法院对立案不再进行实质审查，对诉讼的形式审查亦仅仅限于诉状的表面观察。

从1989年至2014年，尽管行政案件数量整体上呈增长趋势，但全国一审行政案件数量占当年全国法院收案数量比例一直没有超过1.9%。2015年立案登记制实行后，行政案件的数量虽然有大幅度的增加，但占全国法院收案数量比例也没有超过2%。行政案件占一审案件数量的比例如此之低，与行政诉讼法的三大诉讼法之一的地位不相匹配，使得行政审判工作难以引起各级人民法院的重视，行政审判庭，尤其是基层人民法院的行政审判庭被边缘化，基层人民法院行政法官缺乏存在感。

一审行政案件数量少反映行政诉讼利用率低。立案登记制实行前，受案数量最多的2014年，突破了14万件，达到141880件，但2014年末中国大陆人口总数为136782万人。① 这意味着大约每一万人只有一件行政案件。难道实践中没有行政纠纷吗？与全国行政机关作出的可诉的行政行为的数量相比，每年法院受理的行政案件数量简直微不足道。难道是因为我国行政机关依法行政的水平很高，老百姓与行政机关没有纠纷？显然不是。在审议《行政诉讼法修正案》（草案）时，王其江委员指出，“根据有关方面统计，每年因为行政纠纷引发的信访高达400万到600万件，而通过行政诉讼途径解决的只有10万件左右”。这组数据印证了目前行政审判面临的形势。② 这说明，我国现实中行政纠纷不少，只是法院受理的不多。

---

① 《2014年末全国大陆总人口136782万人　同比增710万人》（http://www.chinanews.com/gn/2015/02-26/7080280.shtml）。

② 《挣脱行政诉讼立案难“瓶颈”》（http://npc.people.com.cn/n/2014/0218/c14576-24396308.html）。

表 1-6　　1989 年至 2015 年全国人民法院审理一审案件情况统计表①

年度	合计收案数	民事（含经济案件）		刑事案件		行政案件	
		收案数	比例数（%）	收案数	比例数（%）	收案数	比例数（%）
1989	2913515	2506150	86.02	392564	13.47	9934	0.34
1990	2916774	2440040	83.66	459656	15.76	13006	0.45
1991	2901685	2443895	84.22	427840	14.74	25667	0.88
1992	3051157	2601041	85.25	422991	13.86	27125	0.89
1993	3414845	2985497	87.43	403267	11.81	27911	0.82
1994	3955475	3437465	86.90	482927	12.21	35083	0.89
1995	4545676	3997339	87.94	495741	10.91	52596	1.16
1996	5312580	4613788	86.85	618826	11.65	79966	1.51
1997	5288379	4760928	90.03	436894	8.26	90557	1.71
1998	5410798	4830284	89.27	482164	8.91	98350	1.82
1999	5692434	5054857	88.80	540008	9.49	97569	1.71
2000	5356294	4710102	87.94	560432	10.46	85760	1.60
2001	5344934	4615017	86.34	628996	11.77	100921	1.89
2002	5132199	4420123	86.13	631348	12.31	80728	1.57
2003	5130760	4410236	85.98	632605	12.33	87919	1.71
2004	5072881	4332727	85.41	647541	12.76	92613	1.83
2005	5161170	4380095	84.87	684897	13.27	96178	1.86
2006	5183794	4385732	84.60	702445	13.55	95617	1.84
2007	5550062	4724440	85.12	724112	13.05	101510	1.83
2008	6288831	5412591	86.07	767842	12.21	108398	1.72
2009	6688963	5800144	86.71	768507	11.49	120312	1.80
2010	6999350	6090622	87.02	779595	11.14	129133	1.84
2011	7596116	6614049	87.07	845714	11.13	136353	1.80

① 1989 年至 2015 年数据来源于 1990 年至 2016 年各年《中国法律年鉴》的统计资料部分。

续表

年度	合计收案数	民事（含经济案件）		刑事案件		行政案件	
		收案数	比例数（%）	收案数	比例数（%）	收案数	比例数（%）
2012	8442657	7316463	86.66	996611	11.80	129583	1.53
2013	8876733	7781972	87.66	971567	10.95	123194	1.39
2014	9489787	8307450	87.54	1040457	10.96	141880	1.50
2015	11444950	10097804	88.23	1126748	9.84	220398	1.93

2. 一审行政诉讼撤诉率与受案数成正比，与驳回起诉率基本成反比，而判决率随着受案数的增加反而减少。

根据《人民法院案件信息管理与司法统计》，结案是指统计报告期内人民法院审结的一审案件总数，包括判决、裁定方式结案和移送的。具体而言，行政诉讼判决包括维持判决、撤销判决、变更判决、履行义务判决、确认违法或无效判决、驳回诉讼请求判决等；行政诉讼裁定包括驳回起诉、撤诉和其他。驳回起诉是指人民法院对不符合《行政诉讼法》规定的起诉条件，驳回当事人起诉的处理。撤诉是指对于已经立案尚未审结的行政案件，当事人申请撤诉，人民法院经审查，裁定准予撤诉或按撤诉处理。从全国一审行政案件结案方式的统计数据来看（见表1-8）：

第一，一审行政案件非判决的结案方式所占比例很高，历年来均超过半数，而且判决率随着一审行政诉讼案数的增加反而逐年减少。笔者将判决分为“支持原告的判决”和“支持被告的判决”，前者包括撤销、变更、履行法定职责、确认违法或无效、赔偿判决，后者包括维持、驳回诉讼请求判决，从表1-8的数据来看，支持被告判决的比例略高于支持原告判决的比例，但两者比例历年来均未超过20%，大部分的案件以裁定撤诉、裁定驳回起诉和其他的方式结案，有的年份所占比例超过70%。并且，撤销、履行法定职责、确认违法或无效、赔偿判决率呈逐年下降趋势，连维持判决率也在下降。换言之，在行政诉讼中，法院判决原告赢或输的比例都不高，法院对被诉行政行为的合法性并没有给出一个最终的明确的结论。原告希望通过行政诉讼程序保护和实现自身合法权益的效果实现并不好，司法最终解决原则并未得到落实。2015 年 5 月 1 日，《行政诉讼法》（2014 年）开始施行，《行政诉讼法》（2014 年）取消了维持判决，故 2015 年维持判决仅统计 2015 年 4 月 30 日之前的数据。立案登记制实行后，行政案件总量增长，但撤销、变更、履行、确认违法和无效判决并没有太大变化，判决率仍然在下降。

第二，在各种非判决的结案方式中，以撤诉方式结案居高不下。2015 年之前，原告撤诉始终是最主要的结案方式。在 20 多年的实践中，原告的撤诉率经历了大起大落，在最早有统计的 1988 年，行政诉讼的撤诉率为 27. 0%。此后一路上扬，到 1997 年达到创纪录的 57. 3%。撤诉率高的现象引起高层司法机关的警惕，一时间，从最高法院到地方各级法院抑制撤诉率，鼓励大胆判决的司法政策开始起作用。[①] 撤诉率出现明显回落，并一度稳定在 30% 左右。在“和谐司法”的倡导下，撤诉率再次上扬。2007 年 3 月 1 日，最高人民法院发布了《关于进一步发挥诉讼调解在构建社会主义和谐社会中积极作用的若干意见》，2008 年 1 月和 8 月，发布了《关于行政诉讼撤诉若干问题的规定》和《行政审判工作绩效评估办法（试行）》，2009 年 6 月，又发布了《关于当前形势下做好行政审判工作的若干意见》。2008 年，一审行政诉讼的撤诉率又开始上升，2010 年，撤诉率突破 40%，达到 44. 5%。2011 年达到 47. 95%，2012 年达到 49. 84%。但从 2013 年开始，撤诉率每年以 10 个百分点左右的幅度下降，到 2015 年，行政案件数量大幅度增长，撤诉率却降到历史最低的 21. 60%。

从 2015 年之前撤诉率的起落中，笔者发现三个比较有意思的现象：一是撤诉率降低，判决率并没有上升。二是撤诉率基本上与一审行政诉讼案件数的增减同步。三是撤诉率与驳回起诉率基本上呈此消

① 具体降低撤诉率的司法政策参见何海波《行政诉讼撤诉考》，《中外法学》2001 年第 2 期。

彼长的关系。笔者认为这些现象与司法政策有关。司法政策一旦不允许法院大规模地利用动员原告撤诉来解决棘手的行政案件，法院又不能依法判决，法院回旋的余地变小了，处理难度增大了，于是又重新回到不予受理的老路，遇到棘手案件干脆拒之门外，或者驳回起诉，草草收场。一旦司法政策开始强调“行政纠纷的实质性解决”，许多案件又通过协调和解、原告撤诉解决了，驳回起诉的案件自然就少了，受案数也随之增加了。这些情况说明，行政案件的“出口”问题是法院在立案时不得不考虑的因素，如果案件不能通过撤诉这种能达到服判息讼、法律效果和社会效果统一的方式结案，就不要收进来。

3. 行政诉讼的驳回起诉率明显高于民事诉讼。

根据《行政诉讼法》（1989年）的规定，当事人向法院提起行政诉讼，首先要求过“立案关”。立案后，如果法院审查认为不符合起诉条件的，应裁定驳回起诉。1995年以前，《中国法律年鉴》没有驳回结案方式的统计；1995年至2002年统计的驳回结案方式包括了驳回起诉和终结审理。驳回起诉的案件每年在1万件左右，2007年以前驳回起诉率在11%上下波动，最高年份（2002年）达到15.23%，2007年开始，驳回起诉率开始下降，但最低（2011年）也有6.49%。从表1-7与民事诉讼驳回起诉率相比，高位的驳回起诉率是行政诉讼的一个特殊现象。2015年5月1日立案登记制实行后，行政案件数量增长，驳回起诉成倍增加，达到18.20%，可民事诉讼的驳回起诉率增加并不明显。

行政诉讼驳回起诉率明显高于民事诉讼的原因可能有如下几点：

第一，行政诉讼案件本身的特殊性。受案范围作为起诉条件之一，受案范围在行政诉讼与民事诉讼中的重要性不一样，判断的难易程度不同。行政诉讼受案范围是行政诉讼中非常重要且关键的问题，而民事诉讼主管在民事诉讼中基本不存在问题。

笔者研读了江苏省某中级人民法院辖区所有基层人民法院以及中级人民法院2009年与2010年共45份驳回起诉裁定书，与湖北省某中级人民法院辖区所有基层人民法院以及中级人民法院2009年与

2010年共59份驳回起诉裁定书。裁定驳回起诉的理由主要是请求事项不属于行政诉讼受案范围，其次为起诉人无原告诉讼主体资格的、起诉超过法定期限且无正当理由的。

第二，在操作上跟法院的受理程序有关。法院对于是否应当受理不能确定的，往往先予受理，审理后认为不符合受理条件的再予驳回。《最高人民法院关于执行〈中华人民共和国行政诉讼法〉若干问题的解释》（1999年）（以下简称《行诉若干解释》）第32条第2款规定“7日内不能决定是否受理的，应当先予受理；受理后经审查不符合起诉条件的，裁定驳回起诉”。因此，司法实践中，许多不知道是否符合起诉条件的案件，都先收进来，然后在诉讼程序中审理其是否符合起诉条件。但这一规定明显有区别对待之嫌，能够确定不符合起诉条件的，就不予受理，是否符合起诉条件尚不确定的，反而先受理。

驳回起诉实质是对不应受理而受理的一种事后补救，是对当事人行使起诉权作出的否定性评价。驳回起诉能够阻止不合法的起诉进入实体审理阶段，有利于防止审理资源的浪费，并减少被告因原告的滥诉受到的讼累。但是，过高的驳回起诉率，也反映了我国行政诉讼的诉讼要件过于严苛，比如行政诉讼受案范围过于狭窄，原告资格过于狭窄等。而且，过高的驳回起诉率，可能挫伤当事人对法院的期望，影响公众对法院的信任。《行政诉讼法》（1989年）对于驳回起诉的规定比较原则和抽象，司法实践中法院对于驳回起诉的适用也比较随意，没有严格的程序规制，法院可能会滥用驳回起诉的裁定，将当事人挡在司法大门之外。

表1-7　　2002年至2015年全国人民法院一审行政案件与一审民事案件裁定驳回起诉率百分比（%）统计表　　（单位:%）

年度	2002	2003	2004	2005	2006	2007	2008
行政诉讼驳回起诉率	15.23	10.68	10.97	11.37	12.16	9.14	8.33
民事诉讼驳回起诉率	1.21	1.31	1.42	1.27	1.17	1.35	1.21
年度	2009	2010	2011	2012	2013	2014	2015
行政诉讼驳回起诉率	9.13	7.71	6.49	6.64	7.16	9.43	18.20
民事诉讼驳回起诉率	1.23	1.15	1.05	0.95	1.08	1.60	2.44

表 1－8　　1995 年至 2015 年全国法院审理行政一审案件情况统计表①　　（单位:%）

年度	判决									裁定					行政赔偿调解	其他
	维持	撤销	变更	履行法定职责	确认合法或有效	确认违法或无效	驳回诉讼请求	赔偿	不予赔偿	驳回起诉	驳回	撤诉	移送	终结		
1995	17. 34	15. 05	0. 77								16. 25	50. 59				
1996	14. 52	14. 87	1. 53								8. 67	53. 96				6. 45
1997	12. 68	13. 87	0. 81								8. 47	57. 30				6. 87
1998	13. 58	15. 85									11. 00	48. 60				9. 77
1999	13. 58	15. 95									12. 38	44. 95				9. 91
2000	15. 97	16. 21									13. 25	37. 83				16. 74
2001	17. 11	13. 88									12. 35	33. 34				23. 32
2002	18. 27	13. 00		3. 05			6. 47			15. 23		30. 67				13. 31
2003	18. 58	11. 74		2. 60			6. 47			10. 68		31. 58				13. 31
2004	17. 78	12. 62		3. 24			7. 98			10. 97		30. 64				16. 77
2005	16. 48	12. 29		2. 62		2. 34		0. 84		11. 37		29. 82			0. 13	24. 10

① 此表数据来源于 1996—2016 年《中国法律年鉴》统计资料部分的全国法院审理行政一审案件情况统计表。本表数据均为百分比（%）。1995 年以前，没有驳回结案方式的单独统计，故本表数据从 1995 年开始。全国法院审理行政一审案件情况统计表每年的统计项有所不同，表格中空缺的，表示当年的全国法院审理行政一审案件情况统计表没有该项的单独统计数据。

续表

年度	判决									裁定					行政赔偿调解	其他
	维持	撤销	变更	履行法定职责	确认合法或有效	确认违法或无效	驳回诉讼请求	赔偿	不予赔偿	驳回起诉	驳回	撤诉	移送	终结		
2006	17.65	10.09		1.53		2.40		0.52		12.16		33.46			0.36	21.82
2007	16.72	8.54		1.37		1.60		0.35		9.14		24.93			0.35	24.93
2008	18.55	7.85		1.23		1.81		0.31		8.33		35.91			0.28	25.72
2009	13.28	6.84		0.95		1.23		0.33		9.13		38.44			0.27	29.54
2010	11.70	5.65			0.22	1.12	8.57	0.23	0.10	7.71		44.49	3.40	1.14	0.50	14.16
2011	9.82	5.09			0.40	1.15	8.82	0.21	0.06	6.49		47.95	4.03	0.85	0.14	13.32
2012	9.39	5.43			0.21	1.01	10.20	0.17	0.07	6.64		49.84	3.97	0.43	0.21	11.12
2013	10.61	6.01	0.05	1.10	0.19	1.20	13.47	0.26	0.10	7.16		41.87	3.71	0.41	0.23	13.64
2014	11.02	7.98	0.06	1.44	0.18	2.91	18.90	0.30	0.10	9.43		30.23	5.43	0.39	0.24	11.41
2015	4.71	7.34	0.09	2.29	0.17	3.17	24.53	0.41	0.17	18.20		21.60	4.74	0.44	0.14	12.01

二　行政诉讼立案存在选择性立案

（一）选择性立案的表现

所谓选择性立案，是指法院在立案时，依据法律规则之外的因素，决定是否立案。“立案在一定意义上，是控制整个行政诉讼流程能够按照法律形式来进行的一个开关。从实体法角度来说，未能立案意味着当事人的合法权益无法通过法律来实现；从程序法的角度来说，未能立案意味着当事人的（起）诉权无法得到保障”。选择性立案由于其所依据的标准并非完全是法定的立案标准，具有不确定性或者不为当事人所知，这将导致当事人对法院的立案行为无法预期。很多案件就这样被选择性立案过滤掉了，没能进入诉讼程序。选择性立案带来的最大问题是可能彻底消解民众对法治的信心。①

在课题组的调查中，选择性立案现象确实存在，其表现为：

1. 地域的选择性

我们在法官卷中问及行政法官“在您的印象中，有没有行政案件应当受理而没有受理的情况”。8.4%的受访法官选择“案件受理由立案庭审理，我们不清楚”，这部分法官并不了解是否存在上述情况。20.9%的受访法官选择“没有”，51%的受访法官选择“有，很少”，19.6%的受访法官选择“有，很普遍”。

调查结果显示，第一，司法实践中确实存在应当受理的行政案件法院没有受理的情况。有70.6%的受访法官承认这种情况存在。第二，这种应当受理的行政案件法院没有受理的情况各地法官感受不同。20.9%的受访法官认为不存在这种情况，51%的受访法官认为存在这种情况，但很少，19.6%的受访法官认为不仅存在这种情况，还很普遍。在访谈中，不同地方的法官对这个问题也表现出不同的感知。在访谈中，受案情况在地域上的差异性非常明显。例如，在山东

① 关于“选择性立案”的研究可以参见应星、徐胤《“立案政治学”与行政诉讼率的徘徊——华北两市基层法院的对比研究》，《政法论坛》2009年第6期。汪庆华：《政治中的司法：中国行政诉讼的法律社会学考察》，清华大学出版社2011年版，第41—52页。

省有法官表示行政案件的立案由立案庭负责，立案庭无法把握时会征求行政庭的意见，一般都会立案，不太难。中部地区有法官表示“迫于外界压力，敏感案件、突发案件无法进入正规司法程序。”有的地方这种情况比较普遍，有法官表示“行政案件立案相当难，可以不立的都不立”。在西部某省会城市，行政诉讼被告为省市政府的，没有经过省市政府同意，不得立案。这说明各地方法院在立案标准上把握的宽严尺度不同，有的地方法院严格按照法定标准立案，因此，该立案的都立了，有的地方法院要考虑一些法律之外的因素，需要考虑的因素与该地方的经济环境、法治环境、法院与行政机关的关系、法院领导的领导能力等有密切关系。如果该地方经济比较发达，法治环境相对较好，法院与行政机关的关系比较融洽，法院领导很有魄力，法院在行政诉讼立案方面就无须考虑太多法律外的因素，一般能依法立案。反之，就会出现“可以不立的都不立”、“不让案子进门”、“能挡在门外的就挡在门外，实在不行就堵在门口”等情况。

行政诉讼立案在地域上具有选择性，还表现为同类型案件，在是否受理的问题上，各地法院做法不同。比如，公立大学学生因考试作弊受到学校开除等纪律处分而起诉学校的案件，因考试作弊而不被学校授予学位的案件等。有的法院受理了此类案件，而有的法院则没有受理。这些案件，并没有太多法律外的因素需要考虑，是否受理，完全凭借当事法院的认识。① 由于各地法院对案件争议和法律规定理解的不同，导致同一类型的案件，各地做法不同。这与法官的业务素质和能力有关。当然，这种情况随着法律解释或立法加以明确应该可以得到解决。

2. 案件类型的选择性

普通的行政案件，法院一般都能依法受理。在座谈中大多数受访法院的法官都说“应该受理的都受理了”。普通行政案件，按照行政法官的理解，是指原告单一、与公共利益相关度不高、与政策实施关

---

① 林莉红：《中国行政诉讼的历史、现状与展望》，《河南财经政法大学学报》2013年第2期。

系不大，或在立案风险评估中被认为上访的可能性比较小的行政案件，简言之，法院可以毫无压力地依法裁判的行政案件。对于这样的案件，法院不仅能依法受理，而且也乐于受理，甚至还主动出击找这样的案子受理。比如，访谈中，某法院行政庭法官谈到当地出现不少职业打假人的现象。尽管法官们对职业打假人颇有微词，但告诉我们，这类案件他们都受理了。原因是“这些职业打假人不会上访，而且受理了行政案件还可以有案件数量，可以完成案件数量上的要求”。[①] 另外，法院对于工伤认定、医疗纠纷确认等案件也乐于受理。因为这样的案件，即使被告行政机关败诉，对其来说也没有损失，确定原告方是否为工伤等最终赔偿问题还是由用人单位来赔偿，也不会影响法院与此类行政机关之间的关系。

对于新类型案件、群体性纠纷、敏感案件，法院采取审慎立案的态度。有的法官甚至表示对这些“很难送出去”的案件能不受理的就不受理，“不让案子进门”，“能少搞尽量少搞，只要不进门，就不属于涉法上访”。

3. 时间的选择性

一般在“非常时期”，如“两会”、奥运、国庆等重大活动期间，法院为了协助地方党委、政府的工作，为了社会的安定团结、和谐稳定，立案较平常时期少。另外年底，法院基于结案率的考核，不论什么类型的案件一般都不会轻易受理。

4. 当事人的选择性

法院立案有时还挑当事人，比如认为比较难缠、上访可能性比较大，或在诉讼中容易出现意外的当事人，法院会比较审慎地受理他们的起诉。

（二）选择性立案的原因

立案难既有制度上的原因，也有制度外的原因；既有法院外部的原因，也有法院自身的原因；既有客观原因，也有法院主观上的原

① 林莉红：《中国行政诉讼的历史、现状与展望》，《河南财经政法大学学报》2013年第2期。

因，是各种因素相互交织，共同作用产生的结果。

1. 制度上的原因：立法缺陷和审慎立案的司法政策

第一，《行政诉讼法》（1989 年）的立法目的规定不合理。根据《行政诉讼法》（1989 年）第 1 条的规定，行政诉讼法既要保护行政相对人的合法权益，又要维护和监督行政机关依法行使职权，这样在司法实践中往往容易产生冲突，但《行政诉讼法》（1989 年）对确定的立法目的何者为先又没有明确的规定，于是不可避免地产生很多问题，行政诉讼的立案难就是其中问题之一。行政诉讼法的立法目的在《行政诉讼法》（2014 年）得到了修改，明确删掉了"维护"行政机关依法行使职权，将行政诉讼法的立法目的确定"保证人民法院公正、及时审理行政案件，解决行政争议，保护公民、法人和其他组织的合法权益，监督行政机关依法行使职权"，这为破解当事人起诉在制度上的障碍提供了依据。

第二，《行政诉讼法》（1989 年）尚未确立保障当事人起诉权的原则，起诉制度的构建明显以限制当事人滥诉为目的。同时，缺乏对法院立案的规制，尤其缺少法院侵犯、损害了当事人的起诉权应承担的法律责任。《行政诉讼法》（2014 年）对此问题做出了回应，第三条规定"人民法院应当保障公民、法人和其他组织的起诉权利，对应当受理的行政案件依法受理"。第五十一条规定了登记立案制，对于不接收起诉状、接收起诉状后不出具书面凭证，以及既不立案，又不作出不予立案裁定的侵犯当事人起诉权的行为也规定了处理方式。

第三，《行政诉讼法》（1989 年）规定的起诉条件的性质不明，造成司法实践中法院对案件的受理标准掌握不一。常常表现为该受理的却被拒之门外，限制了起诉权的行使，同时将大量矛盾推向社会而使权利救济无门，对于同类型的案件，有的法院受理，有的法院不受理，影响了司法的统一性。这一问题在《行政诉讼法》（2014 年）中仍未明确。

第四，行政实体法规定的原则性与滞后性。行政实体法存在的主要问题，一是法律规则不完善；二是有些法律规则不适当；三是条文简单，不够详细，规定得比较原则化。囿于成文法的局限性、滞后性和我国行政法律规则的不完善，我国行政诉讼法缺乏诉讼类型制度，一些新类型案件、法律规则上的疑难案件就不可避免地存在起诉难问题。

第五，司法解释与司法政策对立案的态度比较审慎。面对大量的新型、复杂、敏感的行政纠纷，为克服成文法的局限和僵化的问题，为解决司法实践中出现的问题，最高人民法院根据法律的基本原则，对于一些类型的案件是否受理作出了一系列司法解释，在一定程度上起到了填补“法律空白”的作用，但也为当事人行使起诉权设置了一道屏障。

2. 制度外的原因：法院的内、外部环境艰难

从外部来看，司法独立资源欠缺，法院在人财物等方面都受制于其他国家机关。无论是处于强势地位的党政机关，还是处于弱势地位的行政相对人，一旦对处理结果不满意，均有“手段”使法院领导或承办法官难以承受。从内部来看，则主要是法院的自身利益，包括法院的业绩以及法院领导的政绩和法官的个人利益。

(1) 法院外部原因：司法独立尚未形成、司法权威尚未确立

有学者称，从当前中国司法功能的扩展来看，利益结构调整所带来的各种社会不稳定因素不断出现，司法作为利益诉求的缓释通道，经常将复杂的社会问题、政治问题转化为法律问题，经由理性程序使当事人的思维趋于理性化，即使败诉也不至于采取极端行动。这一独特的将问题处理“正当化”的作用，为其他方式所不能比拟。与之相应，纠纷解决过程中，当刚性的规范不能作为大前提推出具体可接受性的裁判结果时，法官往往援引作为柔性规范的原则加以思考。而以原则为依据，既可以得出一个符合实质正义的裁决，也便于法官对裁决结果做出正当化的处理。这种纠纷处理的方式本身，就表明法律程序之外的民众的意愿与司法过程本身的沟通和交涉的作用正在逐步增大，使得民众的意愿对司法机构是否启用司法资源，以及如何适用法律等司法技术方面产生重要影响。①

① 杨力：《司法多边主义——以中国社会阶层化发展趋势为主线》，法律出版社 2010 年版，第 52 页。

但事实是，当前我国司法实践中，当事人不敢告、法院不敢审的关键因素是司法不独立。宪法规定的人民法院独立行使审判权，不受任何国家机关、社会团体和个人干涉的地位无法保障。在我国，司法权在权力架构中被模糊，司法权被行政化、地方化和功利化，法官在行使司法权时必然受到行政化、地方化和功利化的压力，从而难以坚守自己应有的法律立场。而西方国家，法院独立地位的确立，司法正义、司法至上信念的形成在很大程度上是源于司法特有的内在品质——司法远离政治，司法具备自治性。

最高人民法院在立案的司法政策中，多次强调“法律效果与社会效果的统一”，有学者称之为“立案政治学”[①] 再恰当不过了。当代中国对司法的政治要求之一就是“服务大局”，注重“法律效果”与“社会效果”相统一，甚至社会效果凌驾于法律效果之上。在行政诉讼纠纷解决的过程中，我们发现，法官有时以考虑“社会效果”为名不正当地限制当事人的诉讼权利和实体权利，有时法官与行政机关一起审原告，为被告的行为千方百计寻找理由，对原告施加压力促使其撤诉，等等。“审判也同其他政策决定机构一样，不得不卷入各种利害关系、错综复杂的对立的漩涡之中，在此过程中审判必然会发挥类似于政治那样的功能，同时其决定过程也不可避免地会成为利害关系集团直接或间接地施加压力的对象”。[②]

（2）法院内部原因：有限的司法能力以及法院自身利益追求

长期以来，对何谓“司法能力”，社会各界尤其是司法界一直都在进行着热烈的讨论。或曰“办案质量情况”，或曰“办案质量和效率”，或曰“公正度和效率值”，等等，众说纷纭，莫衷一是。那么，究竟司法能力是什么，一般认为司法能力是司法机关运用司法权在解决纠纷过程中维护法律价值和实现自身功能的有效性。[③] 我国司法能

① 应星、徐胤：《“立案政治学”与行政诉讼率的徘徊——华北两市基层法院的对比研究》，《政法论坛》2009 年第 6 期。

② ［日］棚濑孝雄：《纠纷的解决与审判制度》，王亚新译，中国政法大学出版社 1994 年版，第 161—162 页。

③ 王国锋：《司法权的限度与司法能力建设》，《法律适用》2006 年第 1 期。

力的有限性，不仅体现为司法权作为一种裁判权其自身具有一定局限性，更体现为我国法院司法资源匮乏、司法权威尚未树立。

司法权作为一种裁判权，自身是具有一定局限性的。程序的重要性不仅在于能够保证实体公正，还在于它能够增强司法制度抵抗外部压力的能力。社会转型和利益多元注定了行政纠纷的解决方式是多元化的，而司法仅仅是平衡社会利益关系、化解社会矛盾的救济途径之一。社会转型期出现的种种社会矛盾，并非都能够转化为法律问题，司法并不是无所不能的。我们必须克服“司法万能”的倾向，绝不能将所有社会矛盾都转化为司法矛盾，也不能将所有社会压力完全转化为司法压力。

另外，我国法院还面临司法资源不足的尴尬局面。我国司法资源不足体现为：一是权力资源不足。法院只有裁判权而没有可供解决问题的资源。二是信用资源不足。法院年年向同级人大报告工作，既要容纳多元化的评判标准，又要追求以赞成票数为标志的人民满意度，加上时有司法腐败之类的问题，维护司法信誉实属不易。

纠纷解决功能和权利保护功能是司法活动的直接和基本的功能，但受自身能力以及其他因素的制约，法院通过司法有效化解矛盾纠纷、消弭社会冲突和保障合法权益的作用发挥不理想。以我国群体性诉讼案件（敏感性案件）为例，司法能力的有限性主要体现在：有的群体性纠纷原本是经济利益纠纷，例如拆迁安置补偿纠纷，并非单纯的政府拆迁行为是否合法的问题，单靠法院一家根本无法“消化”。为平息矛盾，确保社会稳定，法院不得不寻求有关行政机关的参与。

对于立案存在时间上的选择性，则属于典型的违法的司法不作为。立案中的司法不作为是指立案人员或审判人员违反法律规定拒绝接收当事人的起诉材料，对当事人的起诉既不立案又不作出书面裁定或决定，或者拖延立案等行为。例如，拒绝或不定期受理敏感性案件，有的法院在每年年底有一段时间基本不受理案件，有的法院既不立案也不作出书面裁定或决定，令当事人无法上诉，人大开会期间暂不受理敏感性案件，这些都属于明显的拒绝司法的违法行为。

三 “起诉难”是中国行政诉讼制度陷入困境的缩影

起诉与立案是同一个问题的两个角度，在我国，当事人遇到行政纠纷不愿意选择行政诉讼的关键，还不只是“起诉门槛高”，还包括当事人有后顾之忧，担心会遭受行政机关的报复；民众对行政诉讼实效性评价不高，认为行政诉讼不能真正解决纠纷，或者会让当事人“得不偿失”；民众对法院不信任，认为在当前政治体制中，法院无法真正独立，必然要服从大局，而维护行政机关；民众还认为在当前政治体制下，法院无法给当事人提供一个与行政机关“fair play”的场所，因此，与行政机关打官司，不可能赢。

其实，“起诉难”是我国行政诉讼制度陷入困境的一个缩影，也是我国目前公民权与行政权力量对比的真实写照。当公民的权利保障还不完善，社会对行政权还缺乏根本有效的约束机制，公民权利与行政权力之间就不可能形成真正的“平衡”。面对社会结构的整体“失衡”，凭借司法制度以及法院的微弱之躯去匡扶，难免独木难支。何况，司法制度本身就浸沉在这个社会结构之中。在社会结构没有根本变化之前，司法能够获得多大的独立和权威是无法期待的，它也只是“在夹缝中生存，在困厄中发展”。社会提供给行政诉讼制度的土壤并不肥沃，行政诉讼制度对于社会结构的改变所起的作用也极其有限。行政诉讼法宣示了法治的理想，要成就法治的理想还有很长的路要走。欲走出行政诉讼的困境，除了司法制度自身的完善，还有赖于民主、宪政的完善，有赖于整个社会的法治化。这是一个远远超出行政诉讼制度的课题。①

当然我们也可以从另一个方面来解读选择性立案，即我国各地区经济发展水平不同、人民群众文化素质不同、行政法治程度不同。其实，行政诉讼在我国各地实施整体情况不容乐观，但也不否认存在各地不平衡的情况。在我国某些经济比较发达，行政权力制约机制比较

① 何海波：《行政诉讼撤诉考》，《中外法学》2001 年第 2 期。

完备，法治相对完善的地区，行政诉讼还是能够发挥其应有的作用的。因此，《行政诉讼法》制度先行的做法是可行的。历史的车轮总是不断前进的，先构建完善的制度，随着经济的发展、政治体制的改革、人民群众权利意识的增强，这些制度最终会得到落实的。

第二章

行政起诉制度基本原理

对于一个社会来说，制度，尤其是科学、规范、合理、公正的制度是至关重要的，它是在特定社会活动领域中创设和形成的一整套持续而稳定的规范体系，引导着该社会活动领域内的主体进行有序的合目的的行为。起诉作为行政诉讼的起点，行政起诉制度的制定是否科学、规范、合理、公正，直接关乎行政诉讼制度的实施效果。因此，其构建并不是任意而为的，必须建立在一定的理论基础之上。行政起诉制度应以保障当事人的行政起诉权为目的。

第一节　行政起诉制度的界定

一　行政起诉制度的内涵

行政起诉制度，概言之，就是有关行政起诉的制度的总称。

（一）行政起诉的概念

起诉（Sue），是当事人依法向人民法院提出特定的诉讼请求的诉讼行为。在我国，当事人的起诉行为包括民事诉讼中的起诉、行政诉讼中的起诉以及刑事自诉中的起诉。

关于行政起诉的表述及概念，各国和地区有所不同。在英美法系国家，与行政诉讼类似的制度称为司法审查（Judicial Review），与行政起诉相对应的概念称为“司法审查申请”。在英国，司法审查申请，是指原告向法院提出的，请求法院对行政机关某一决定予以司法审查的诉讼行为。[①] 在美国，司法审查申请，是指原告认为自己的权益受到或者可能受到行政机关行政行为的侵犯，向法院提出请求法院对该行政行为进行司法审查，给予其司法救济的诉讼行为。大陆法系有行政诉讼制度，在法国行政诉讼中，行政起诉是指“当事人主张行政机关的行为违法，侵害了自己的权利和利益，请求行政法院通过审判程序给予救济的行为”。[②] 在德国行政诉讼中，行政起诉是指，权利受到或即将受到行政决定侵害的当事人向法院提交诉状，请求行政法院启动行政诉讼程序对其予以裁判的活动。[③] 在我国台湾地区，行政起诉是指国民不服公权力机关的处分或决定，向法院提起诉讼的行为。[④] 尽管两大法系在用语上有所不同，但行政起诉的基本内涵是一致的，都是指权益受到（或可能受到）行政行为侵犯的行政相对人，向法院提出要求审查行政机关的行为并救济自己权益的诉讼请求，请求法院启动诉讼程序并进行裁判的诉讼行为。

在我国大陆地区，学术界对行政起诉的定义主要有以下几种表述：行政起诉，是指“公民、法人或者其他组织认为行政主体的行为侵犯其合法权益，依法请求人民法院行使国家行政审判权力给予司法救济的诉讼行为”。[⑤] 行政起诉是指“公民、法人或者其他组织认为自己的合法权益受到侵犯或者与行政机关发生争议，向人民法院提出诉讼请求，要求人民法院行使审判权，依法予以保护的行为”。[⑥] 行政起诉是指“公民、法人或者其他组织认为自己的权利受到违法行政行为侵犯时，请求法院通过司法程序对其权利进行保护、对违法行政行为进行制裁的行为”。[⑦] 行政起诉是指“公民、法人或者其他组织认为行政机关的行政行为侵犯自己的合法权益，依法向人民法院提起

---

① 吴越编：《英国行政法》，中国政法大学出版社 2004 年版，第 747 页。

② 王名扬：《法国行政法》，中国政法大学出版社 1988 年版，第 641 页。

③ 于安：《德国行政法》，清华大学出版社 1997 年版，第 302 页。

④ 吴庚：《行政争讼法论》，三民书局 2003 年版，第 367 页。

⑤ 江必新、梁凤云：《行政诉讼法理论与实务》（第二版）下卷，北京大学出版社 2011 年版，第 729 页。

⑥ 林莉红：《行政诉讼法学》（第三版），武汉大学出版社 2009 年版，第 183 页。

⑦ 马怀德主编：《行政诉讼法原理》（第二版），法律出版社 2009 年版，第 348 页。

诉讼请求，旨在引起第一审行政审判程序对行政机关的具体行政行为予以审查和作出裁判，以保护自己合法权益的诉讼行为”。① 行政诉讼的起诉是指“公民、法人或者其他组织，认为行政机关的具体行政行为侵犯其合法权益，向法院提起诉讼，请求法院行使国家审判权、审查具体行政行为的合法性并向起诉人提供法律救济，以保护其合法权益的诉讼行为”。②

学界对行政起诉定义的表述虽有差别，但内涵基本相同，认为行政起诉是指公民、法人或者其他组织认为自己的合法权益受到侵犯或者与行政机关发生争议，依法向人民法院提起诉讼请求，旨在引起第一审行政审判程序，并请求法院对行政机关的具体行政行为予以审查和作出裁判，以保护自己合法权益的诉讼行为。笔者认为行政起诉的内涵包括以下几点：

第一，提起行政诉讼的主体只能是行政相对人。这里的行政相对人是在行政管理法律关系中，与行政主体相对，受行政行为影响的一方当事人，包括行政行为直接针对的行政相对人，也包括合法权益受行政行为间接影响的行政相关人。

第二，行政相对人起诉的原因是认为自己的合法权益受到或可能受到行政行为的侵犯或者影响需要寻求救济，或者与行政主体产生了行政争议需要中立的第三方公正地解决争议。

第三，对行政相对人的起诉负有义务的主体是人民法院。行政起诉是行政相对人行使行政起诉权的表现，行政相对人的诉讼请求是向法院提出的。在我国，当行政相对人的合法权益受到行政行为的侵犯，或与行政主体发生行政争议时，行政相对人有请求司法救济的权利，国家有提供司法救济的义务，该义务具体体现为法院对行政起诉的受理。

第四，行政相对人提起行政诉讼的直接目的是启动行政诉讼第一审程序，将有争议的行政行为置于司法审查之中；根本目的是希望法

---

① 黄学贤、杨海坤：《新编行政诉讼法学》，中国人事出版社 2001 年版，第 166—167 页。

② 姜明安主编：《行政法与行政诉讼法》（第五版），北京大学出版社、高等教育出版社 2011 年版，第 486 页。

院能够代表国家行使行政审判权对其进行司法救济，从而保护自己的合法权益或使争议得到解决。

第五，行政起诉的性质，从诉讼行为的角度来讲，是行政相对人行使诉权（起诉权）的具体体现，是当事人向法院递交起诉状并要求获得司法救济的诉讼行为。从行政纠纷解决途径的选择来说，起诉表达了当事人有将纠纷提交法院运用司法程序予以解决的意愿。从诉讼程序的角度来看，起诉是开启行政诉讼第一审程序的唯一动因，是整个诉讼程序的起点，也是人民法院得以行使行政审判权的基础和前提。

（二）行政起诉与相关概念的关系

在我国，诉讼虽然是由原告提起，但原告的起诉行为并不必然引起行政诉讼第一审程序的开始，还需经法院受理，第一审程序才能真正得以启动。人民法院对起诉的受理程序包括两个环节，即审查起诉和立案。对当事人的起诉进行审查后，人民法院根据审查的结果，决定是否受理。

1. 起诉与审查起诉

起诉是当事人将纠纷诉诸司法的诉讼行为，2015 年 5 月 1 日之前我国行政诉讼对起诉实行立案审查制，当事人的起诉并不必然引起第一审诉讼程序的发生，人民法院接到当事人的起诉状后，会对起诉进行审查，此审查被称为“审查起诉”或“立案审查”。审查起诉的过程，就是决定起诉是否成立，案件是否受理的过程。依我国《行政诉讼法》（1989 年）的规定，人民法院接到起诉状后，应依法及时地从两个方面进行审查：首先，审查起诉是否符合法定的起诉条件，主要审查起诉状的内容是否完整、其附件材料是否齐全；其次，审查起诉的手续是否完备，主要审查是否缴纳了案件受理费等。

2. 起诉与受理（立案）

人民法院对诉讼案件的受理，又称为“立案受理”，或简称“立案”，[①] 是指人民法院对当事人的起诉、反诉、上诉、申诉、申请再

---

① 立案有广义和狭义之分。广义上的立案，是指有关组织或国家机关，根据其权限，决定对某一问题是否作为一种责任予以追究的社会行为。狭义上的立案，是指有关组织或者机关依职权处理解决某一特定问题所经历的一种程序。张名实：《立案导读》，法律出版社 1999 年版，第 1 页。

审或对公诉机关的抗诉、受害人的自诉行为进行审查后，认为起诉或上诉、抗诉符合法定条件，在法定期限内予以立案；或认为不符合法律规定，决定不予受理的行为。[①] 本书所讨论的立案受理，是人民法院对行政起诉的立案受理。

我国行政诉讼法学界对行政诉讼受理的界定主要分为两种观点：第一种观点是从整个受理程序的角度来说，认为行政诉讼的受理，是指“人民法院对原告的起诉行为进行审查后，认为起诉符合法律规定的要件，在法定期限内予以立案；或者认为起诉不符合法律规定，作出不予受理裁定的行为”。[②] 该观点认为受理包括对起诉的审查以及根据审查结果所作的处理，我们可以将之称为广义上的受理。第二种观点仅从人民法院对起诉的肯定性审查结果来说，认为“受理是指人民法院对公民、法人或者其他组织的起诉进行审查，对符合法律规定的起诉条件的案件决定立案的诉讼行为”。[③] 行政诉讼的受理是指“人民法院对当事人的起诉进行审查后，对符合起诉条件的案件予以接收的诉讼行为”。[④] 该观点认为受理是人民法院对符合起诉条件之起诉的接受，是法院对起诉的积极回应。上述两种观点只是认识的角度和层面不同，并无实质区别。审判实践中，立案标志着人民法院对当事人起诉的受理，表明案件即将进入实体审理阶段。

起诉和受理是性质相异的两种行为，前者是当事人行使起诉权的诉讼行为，后者是人民法院行使审判权的职权行为。依据我国《行政诉讼法》（1989 年）关于“起诉与受理”的规定来看，行政诉讼第一审程序的开始，是基于这两种行为的结合。没有原告的起诉，也就谈不上人民法院的受理；仅有原告的起诉，没有人民法院的受理，诉讼程序仍然无法开启。可见，在我国，起诉并不必然引起第一审程序的开始，受理才是诉讼程序真正启动的标志，是人民法院行政审判权

---

① 姜启波、李玉林：《案件受理》，人民法院出版社 2008 年版，第 1—2 页。

② 姜明安主编：《行政法与行政诉讼法》（第五版），北京大学出版社、高等教育出版社 2011 年版，第 492 页。

③ 张树义：《行政法与行政诉讼法学》，高等教育出版社 2002 年版，第 222 页。

④ 林莉红：《行政诉讼法学》（第三版），武汉大学出版社 2009 年版，第 184 页。

作用于行政争议案件的实质性开端。《行政诉讼法》（2014 年）仍然沿用起诉与受理共同启动第一审程序这种思维。

二　行政起诉制度的范畴

行政起诉制度，概言之，是有关行政起诉的制度，我国《行政诉讼法》称之为“起诉和受理”。本书所研究的行政起诉制度，是国家为了保障当事人行政起诉权之行使而规定的一系列法律规则，其并非仅是行政诉讼第一审程序中的起诉与受理规则，而是由多项内容组合而成的权利保障体系，具体包括下列内容：

1. 起诉的条件

行政诉讼起诉的条件，应分为起诉的成立条件与起诉的合法条件。前者又称为诉的成立要件、起诉要件或提起诉讼的条件，是诉客观存在的条件，是行政诉讼得以开始的条件。后者又称为诉的合法要件或诉讼要件，是案件能够进行实体审理作出本案实体判决的前提条件。当事人的起诉具备了诉的成立要件，表明该诉能够进入诉讼程序，第一审程序得以开启，进入诉讼程序的诉并非都是合法的，还须具备诉讼的合法要件，法院才能对案件进行实体审理并作出实体裁判。

2. 起诉的方式

起诉的方式又称为起诉的形式要件，是指当事人起诉应以何方式提出。世界上现行的行政诉讼制度无一例外都规定以书面方式为原则。当事人向法院提起行政诉讼，应当提交起诉状，起诉状中记载的内容以及附带提交的材料应当能够表明原告的起诉具备诉的成立要件。

3. 法院对起诉的审查

即使是域外实行立案登记制的国家或地区，法院对当事人的起诉并非完全不审查，只是审查的内容和方式有所区别。法院对起诉的审查，无疑是当事人行使起诉权遇到的第一道门槛。法院是否要对起诉进行审查，在诉讼何阶段对起诉进行审查，审查的标准是诉的成立要件还是诉的合法要件，是法院依职权进行，还是由对方当事人提出抗辩，在法院审查起诉的过程中，当事人能否参与并表达自己的意见，这些内容与当事人的起诉权之保障息息相关。

4. 起诉的效力

当事人向法院提起行政诉讼在诉讼法上会产生怎样的效力，在实体法上尤其是对被诉行政行为会产生怎样的效力，这是当事人起诉最关心的内容。当事人行使起诉权除了发动诉讼程序之外最希望获得的效果是被诉行政行为的效力能暂时中止。

5. 司法救助与法律援助制度以及对侵犯起诉权行为的救济制度

我国目前行政诉讼中存在的“起诉难”，是当事人对行政起诉的主观心理感受。这种感受有两个层面的表现：一是指当事人感觉向法院提起诉讼至法院立案的过程繁琐、复杂、不便。这主要是制度的问题，《行政诉讼法》（1989 年）规定的起诉条件太高，实行立案审查制。我们可以通过实施立案登记制，简化起诉程序，加强法院的诉讼指引、释明、告知义务来解决。二是指当事人认为起诉符合法定条件，但法院还是不予立案，或虽立案，案件却难以进入实质审理阶段。人民群众现在诟病的就是这种“起诉难”。这种情况使当事人感到自己的权益救济无门，会让当事人对诉讼丧失希望，进而对司法、对法律丧失希望。当事人的起诉本应依法受理，可法院却以非法定理由拒绝受理，就属于侵害当事人起诉权的行为，对此，我们应当设置相应的救济制度，使当事人的起诉权能得以真正的实现。另外，还应当实行司法救助与法律援助制度，不让经济困难成为当事人行使起诉权的障碍，让每一位当事人都能平等地行使诉诸司法的权利。

第二节 行政起诉权

行政起诉是当事人行使行政起诉权的行为，整个行政起诉制度的设计与运行都应当以行政起诉权之保障为中心。行政起诉权是启动行政诉讼第一审程序、打开司法救济大门的重要权利，是当事人打开司法之门的钥匙，是整个诉讼程序的原动力，是当事人寻求司法保护的起点。

一　行政起诉权的概念

（一）行政起诉权的界定

行政起诉权的研究是在民事起诉权研究的基础上发展起来的，据笔者掌握的资料，我国民事诉讼法学界关于起诉权的定义主要有以下几种：

（1）诉诸司法权利说。有学者认为起诉权是“公民、法人或者其他组织为了维护自己的合法权益而要求国家审判机关行使司法权的一项重要的权利”。①

（2）公正审判请求权说。认为起诉权是“冲突主体的一方作为原告向法院提起诉讼请求法院给予诉讼保护的权利”。② 起诉权是指“任何权利主体在其权利受到侵害或与他人发生争执时，有请求法院给予司法救济的权利”。③ 起诉权是指“公民、法人或者其他组织认为自己的或依法自己管理、支配的民事权益受到侵害或与他人发生争议，以自己的名义请求法院予以司法保护的权利”。④

（3）程序意义诉权说。认为起诉权就是“程序意义上的诉权，即原告（指公民、法人和非法人团体）因自己或依法由自己保护的人的合法权益受到侵害或发生争执时，有向人民法院请求司法保护的权利”。⑤

（4）程序性人权说。认为起诉权是“公民、法人或者其他组织作为原告，要求法院启动审判程序，就自己提出的诉讼请求进行审判

---

① 张卫平：《民事诉讼法》，法律出版社 2004 年版，第 270 页。

② 蔡彦敏：《民事诉讼主体论》，广东人民出版社 2001 年版，第 132 页。

③ 汤维建：《论司法公正的保障机制及其改革》，《河南省政法管理干部学院学报》2004 年第 6 期。

④ 单国军：《检察机关民事起诉权的法理分析》，《国家检察官学院学报》2006 年第 3 期。

⑤ 杨富元、杨桂芳、宋太郎：《谈谈民事诉讼中的起诉权与胜诉权》，《法学评论》1985 年第 3 期。

并给予司法保护的程序性人权”。[①]

从上述界定可以归纳出，民事起诉权从外在表现形式上看，是原告提起诉讼的权利，是诉诸法院的权利，是第一审诉讼程序的启动权；从实质上看，起诉权还包含着公正审判请求权，即要求法院给予司法保护和司法救济。当事人行使起诉权启动诉讼程序既是目的也是手段，其直接目的是启动诉讼程序使案件形成诉讼系属，其根本目的是解决纠纷，保护自己的合法权益。

我国行政诉讼法学界对行政起诉权的认识深受民事起诉权研究的影响，对行政起诉权的界定与民事起诉权基本一致。从笔者掌握的资料来看，我国行政诉讼法学界关于行政起诉权的定义主要为“裁判请求权说”与“司法保护请求权说”，前者认为起诉权是指“任何公民、法人或其他组织在其权利受到侵害或与他人发生争执时有诉请独立的法院予以公正审判的权利”。[②] 起诉权“是国民所享有的将纠纷诉诸法院请求裁决的权利”。[③] 后者认为起诉权是指“当事人认为自己的合法权益受到侵害或发生争议，以自己的名义向法院提出诉讼请求，要求人民法院予以保护的权利”。[④] 起诉权是“原告向人民法院提起诉讼，请求司法保护的权利”。[⑤]

从上述界定笔者认为行政起诉权的内涵包括：

第一，行政起诉权的权利主体是任何行政相对人。行政起诉权的权利主体具有广泛性，在我国的任何公民、法人和其他组织都享有行政起诉权，其是人人享有的一项自然的客观存在的权利。

第二，行政起诉权行使的原因，是公民、法人或其他组织认为行政主体的行为侵犯其权益需要寻求救济或与行政主体发生了行政争议

① 柯友阳：《起诉权研究：以解决“起诉难”为中心》，北京大学出版社 2012 年版，第 3 页。

② 薛刚凌：《行政诉权研究》，华文出版社 1999 年版，第 17 页。

③ 张坤世：《行政起诉权保障研究》，博士学位论文，湘潭大学，2009 年。

④ 孙琬钟、江必新主编：《行政管理相对人的权益保护》，人民法院出版社 2003 年版，第 308 页。

⑤ 郝明金：《行政行为可诉性研究》，中国人民公安大学出版社 2005 年版，第 104 页。

需要中立第三方解决。

第三，行政起诉权的义务主体是代表国家行使行政审判权的法院。行政起诉权体现为权利人公法上的请求权，与之相对应的是法院具有不得拒绝审判的义务和法院保障和支持起诉的义务。这种权利义务关系具体表现为：（1）当事人向法院提交的行政起诉状，只要符合法定的形式要件，法院具有在法定期间予以立案的义务。（2）法官对当事人的起诉有诉讼指引、释明、告知的义务。（3）对经济困难的起诉人法院负有实施司法救助的义务，让所有人都有接近司法、接近正义、平等地利用司法制度的机会。

第四，行政起诉权的外在表现形式是向法院提起诉讼的权利，即诉诸法院的权利。起诉权是一种程序形成权，即该权利的行使仅需要法院经过一定的形式审查无须经过实质性审查即能产生诉讼法上的法律效果。[①] 当事人向法院提起行政诉讼，只要其提交的起诉状符合必要的形式要件，就应当产生诉讼系属的效力。将行政起诉权定位于程序形成权的意义在于，能充分尊重当事人的程序主体地位，充分保障当事人的起诉自由，充分保障当事人对诉讼程序启动的主导权和决定权。

第五，行政起诉权行使的直接目的是启动行政诉讼第一审程序，根本目的是通过司法救济自己的合法权益，解决行政争议。当事人行使起诉权启动诉讼程序既是手段又是目的，当事人起诉的根本目的应是要获得公正裁判和司法救济，而不是为了诉讼而起诉，更不是为了法律之外的非正当的目的而起诉。由此可见，起诉权虽是一项程序性权利，却与实体权益的实现有密切联系。

综上，笔者认为，行政起诉权，是指公民、法人或其他组织认为行政主体的行为侵犯其权益或与行政主体发生行政争议时向法院提出旨在启动诉讼程序并要求获得司法救济行为的权利。

---

① 陈桂明、李仕春：《论程序形成权——以民事诉讼权利的类型化为基点》，《法律科学》2006年第6期。

（二）行政起诉权与相关概念的辨析

1. 行政起诉权与行政诉权的关系

（1）行政诉权诸学说概述

诉权理论是大陆法系民事诉讼法学的基本理论，广义上的诉权，除了民事诉权外，还包括刑事诉权和行政诉权。迄今为止，学界对诉权的概念和性质尚未形成一致的意见。受民事诉权理论的影响，我国行政诉讼法学界也开始对行政诉权的研究。

对行政诉权的早期研究，基本上将行政诉权等同于行政起诉权。如有观点认为行政诉权是指“公民、法人或其他组织认为行政机关及其工作人员的具体行政行为侵犯其合法权益，依照行政诉讼法的规定，请求人民法院予以司法保护的权利，其实质是起诉权”。① 又如行政诉权，即“行政诉讼诉权，是指行政法律关系当事人在不能自行解决因行政职权的存在和行使而引起的行政争议时，依法请求法院提供司法保护和帮助的权利”。行政诉权的主体为享有原告资格的主体，行政诉权的客体为行政诉讼受案范围，行政诉权的行使必须符合行政诉讼法规定的条件，行政诉权的具体内容包括起诉权、对不予受理裁定的上诉权和要求得到裁判权。② 以上两种关于行政诉权的表述，实质上都是行政起诉权。

随着研究的深入，学者开始从多层次、多角度来阐释行政诉权。如有观点认为“行政诉权的基本语义理所当然是行政诉讼权利。作为一项法制度上的权利，其在尚未构成一项较完整的权利体系之前，无疑可以被表述为是当事人基于行政诉讼主体资格在行政诉讼过程中依法享有的全部程序性权利的总称。而当其已构成一项较完整的权利体系时，则可以被表述为是一项有关行政诉讼权利的体系”。③ 此观点从两个层面解释行政诉权，从宏观层面来说，行政诉权是一项有关行政诉讼权利的体系，从微观层面而言，行政诉权可以理解为当事人在

① 应松年主编：《行政诉讼法学》，中国政法大学出版社 1994 年版，第 188 页。

② 高家伟：《论行政诉权》，《政法论坛》1998 年第 1 期。

③ 赵正群：《行政诉权在中国大陆的生成及其面临的挑战》，载陈光中、江伟主编《诉讼法论丛》第 6 卷，法律出版社 2001 年版，第 753—775 页。

诉讼中享有的全部程序性权利的总称，即我们通常理解的“行政诉讼权利”。

还有学者从行政诉权的内容和具体要素来构建行政诉权理论体系。如有学者认为“行政诉权是行政诉讼活动中的权利主体按照法律预设程序，请求法院对有关行政纠纷作出公正裁判的程序权利。其内容主要包括：行政起诉权、获得行政裁判权及得到公正裁判权”。①又有观点认为“公民行政诉权，是指行政活动中的公民根据行政诉讼法规定的程序，请求法院对有关行政纠纷予以公正审理并作出裁判的权利”。②上述对行政诉权的两种界定基本相同，前者分析了行政诉权的具体内涵，后者更加全面地阐释了行政诉权的要素，即完整意义上公民行政诉权的要素包括：行政诉权的主体不仅是公民（行政相对人），行政主体同样享有行政诉权，表现为应诉答辩权和获得法院裁判支持权；行政诉权客体为行政诉权所指向的对象，即行政主体在行使职权过程中实施的行政行为；行政诉权的内容为起诉权（行政主体不享有）、请求得到公正审理及公正裁判权；行政诉权的义务主体为国家；行政诉权与实体利益紧密相连，是独立的权利，不包含“胜诉权”。

近年来，还有学者另辟蹊径，换了一种思维来思考行政诉权。如有学者认为行政诉权包含三个层面的含义，“行政诉权不仅是一个理论概念，更存在于宪法、法律以及实践之中，在不同的层面其内涵不尽相同，因此可以将行政诉权分为基本权形态的行政诉权、制度形态的行政诉权以及实践形态的行政诉权”。“基本权形态的行政诉权，也称之为基本权型行政诉权，具体是指国家通过宪法或基本法予以确认和保障的程序性权利，是行政诉权法律形态最重要的表现”。“制度形态的行政诉权也称为制度型行政诉权，是指通过国家立法加以确认，并以国家强制力保障其实现的权利形态。制度型行政诉权着眼于诉权的制度化，是沟通基本权型行政诉权和实践型行政诉权的桥梁，

① 薛刚凌：《行政诉权研究》，华文出版社1999年版，第14页。

② 李湘刚：《论完整意义上的公民行政诉权的构建》，《政治与法律》2011年第6期。

是行政诉权最直观的反映”。“实践型态的行政诉权也称为实践型行政诉权，是公民现实享有和实际行使的行政诉权，是制度型行政诉权实现的结果或形成的一种实有状态，其着眼点是诉权的实践方面，是现实社会关系中已经实现了的权利”。①

（2）行政起诉权与行政诉权的区别

本书无意深入探讨行政诉权的抽象内涵，前述各种行政诉权的界定虽然不同，但无疑都认为诉权包含着起诉权，起诉权在行政诉权体系中处于非常重要的地位，其虽然不是诉权的全部内容，但其是行政诉权最基础、最核心的内容，是行政诉权最典型、最充分的体现。“起诉权是全部诉权中至关重要的一项，是行使其他诉权的前提和基础。保护起诉权是通过司法程序保护公民其他诉讼权利和实体权利的前提”。②

但起诉权与诉权还是有区别的。

第一，两种权利的性质完全不同。行政诉权是公民与生俱来的基本权利，属于基本人权范畴。法谚云：“无救济即无权利”。宪法和法律赋予公民自由权、人身权与财产权的同时，也赋予公民在这些权利受到侵害时或发生争议时寻求司法救济的诉权，否则，公民拥有的实体权利再多，若无诉权来保障，都等于零。现代法治国家既然限制（或禁止）公民通过私力救济保护自己的权益、解决纠纷，国家就有义务为公民解决纠纷、保护公民权益。因此，诉权体现着国家和公民之间公法上的权利义务关系，公民是诉权的权利主体，法院是诉权的义务主体。诉权的实质是公民向国家的请求权，③ 法院承担着保护诉权的义务或职责，即不得非法拒绝审判。所以诉权是一种宪法意义上

① 孔繁华：《行政诉权的法律形态及其实现路径——兼评最高人民法院法发〔2009〕54号文件》，《法学评论》2011年第1期。

② 马怀德主编：《行政诉讼原理》，法律出版社2003年版，第187页。

③ 江伟、邵明、陈刚：《民事诉权研究》，法律出版社2002年版，第150页。

的救济权。[①] 而起诉权是诉讼法层面上一项具体的诉讼权利，是一种具体的诉诸司法的程序性权利。

第二，两种权利的内容不同。诉权回答的问题是“人们为什么可以启动诉讼程序”以及“法院为何要对当事人提出的争议或主张进行审理和裁判”，而起诉权回答的问题是“人们如何起诉”以及“起诉能产生怎样的法律效果”。[②]

第三，两种权利的运作空间不同。诉权是一项宪法层面的基本人权，是诉讼外的权利，旨在说明当事人具有利用诉讼程序维护自身合法权益的资格和正当性，而起诉权是诉讼法上一项具体的可以向法院提起诉讼的权利。

第四，两种权利的运作时间不同。无论纠纷是否存在，当事人都具有天赋的、与生俱来的向法院请求司法救济的诉权。但只有具体纠纷存在，且具有通过诉讼解决的必要性时，当事人才有起诉权。另外，诉权与现实的诉讼构造和诉讼阶段无关，而起诉权是在起诉阶段具体运用的权能，与诉讼阶段和诉的成立要件密切相关。

第五，两种权利的法律效果不同。诉权是一种向法院请求司法救济的权能，是一种潜在的权能，与之相对应的是法院不得拒绝审判的义务。诉权本身不能引起诉讼法律关系的产生，只有当事人向法院行使起诉权提起诉讼，才能引起诉讼法律关系的产生。因此，诉权的行

---

① 世界上许多国家都在宪法中规定了诉权。例如日本《宪法》第 32 条明确规定：“不得剥夺任何人接受审判的权利。”意大利《宪法》第 34 条规定：“所有人都可以起诉，以保护自己的权利和利益。”德国、美国、葡萄牙也都有类似公民诉权的规定。我国现行宪法虽没有关于诉权的明确规定，但并不等于否定诉权是一项宪法性权利。我国《宪法》第 2 条规定：“中华人民共和国的一切权力属于人民。”第 41 条规定：中华人民共和国公民对于任何国家机关和国家工作人员的违法失职行为，有向有关国家机关提出申诉、控告或者检举的权利。国家机关和国家工作人员侵犯公民权利而受到损失的人，有依照法律规定取得赔偿的权利。况且我国已经加入《世界人权公约》，其第 8 条规定：人人于其宪法或法律所赋予之基本权利被侵害时，有权享受国家行政法庭之有效救济。可见，我国事实上是承认公民诉权的。将诉权提升至宪法基本权利，旨在强调诉权的重要性，从宪法高度来保护诉权，也让法院承担不得非法拒绝审判的宪法义务。宪法中有没有规定诉权，都不影响国家（法院）对公民诉权负有不可推卸的责任。

② 江伟、邵明、陈刚：《民事诉权研究》，法律出版社 2002 年版，第 155 页。

使并不能直接启动诉讼程序和形成诉讼系属。[①] 而起诉权的合法行使能够开启第一审程序，形成诉讼系属。

起诉是原告诉诸司法请求司法救济、启动诉讼程序的诉讼行为。因此，起诉的权利基础应是起诉权，具体的起诉制度应围绕保障当事人起诉权之行使来进行构建。

2. 行政起诉权与诉讼权利的关系

（1）行政起诉权与诉讼权利的区别

行政起诉权，是指公民、法人或其他组织认为行政主体的行为侵犯其权益或与行政主体发生行政争议时向法院提出旨在启动诉讼程序并要求获得司法救济行为的权利。而诉讼权利是指诉讼参加人及其他诉讼参与人实施某种诉讼行为的权利，有无某种诉讼权利决定着法律关系主体能否进行相应的诉讼行为。从性质上讲，起诉权本身就是一项具体的诉讼权利，其指向的是当事人提起行政诉讼的行为。但起诉权与其他诉讼权利的区别表现在：

第一，权利主体不同。在行政诉讼中，行政起诉权一般为原告（行政相对人）享有的权利。而诉讼权利不仅为双方当事人享有，当事人以外的证人、鉴定人等诉讼参与人也可享有。

第二，义务主体不同。行政起诉权的义务主体是法院和法官，表现为法院无正当理由不得拒收当事人的起诉状，对经济困难的起诉人提供司法救助的义务，以及法官对当事人的起诉负有诉讼指引、释明、告知的义务。而诉讼权利的义务主体除了法院和法官之外，还包括对方当事人和其他诉讼参与人。

第三，权利行使次数不同。根据一事不再理原则，当事人就同一纠纷一般只能行使一次起诉权。而许多诉讼权利，如提供证据权、辩论权、质证权等，当事人可多次行使。

第四，权利行使阶段不同。当事人只在行政诉讼第一审程序的起诉阶段行使行政起诉权。而诉讼权利（除诉前保全申请权外）存在于诉讼过程中任何阶段，包括一审、二审、再审和执行程序。

① 江伟、邵明、陈刚：《民事诉权研究》，法律出版社 2002 年版，第 249 页。

（2）行政起诉权与诉讼权利的联系

起诉权与诉讼权利的联系表现在：第一，行政起诉权的行使是当事人行使诉讼权利的前提条件。当事人行使行政起诉权，启动诉讼程序，形成诉讼系属。只有诉讼程序开始后，当事人才有行使具体诉讼权利的可能性。

第二，诉讼权利的行使是实现起诉之根本目的的手段。当事人行使行政起诉权的直接目的是启动行政诉讼第一审程序，根本目的是通过司法救济自己的合法权益，解决行政争议。当事人绝不能为了起诉而起诉，当事人起诉之根本目的需要依靠具体的诉讼权利来实现。因此，诉讼权利的行使是起诉目的的延续，没有诉讼权利作为保障，起诉权就只能得到形式上的保护而难以获得实质性的保障。

第三，二者的根本目的是一致的。一般情况下，当事人行使起诉权和诉讼权利的根本目的都是为了保障自身的合法权益，二者对权益保障目的之实现发挥着各自独特的作用。

二　行政起诉权的特征

（一）行政诉讼与民事诉讼的渊源

行政诉讼与民事诉讼是两种不同性质但又有着密切联系的诉讼制度。从行政诉讼产生发展的历程来看，行政诉讼制度是从民事诉讼制度中逐步分离、逐步独立，并在民事诉讼制度基础上逐步发展起来的诉讼制度。如今，在英美法系，司法审查仍然被视为民事诉讼的特别程序；在大陆法系，虽然有独立的行政诉讼法典，但无一例外的都有参照民事诉讼制度的规定。例如，日本《行政事件诉讼法》在总则部分第七条就规定，涉及行政案件诉讼，在本法没有规定时应“遵循民事诉讼之例”。有的国家和地区行政诉讼法条文规定逐渐“民事诉讼化”，比如我国台湾地区修订后的行政诉讼法对程序事项尽量采用民事诉讼法的相关规定，形成了明显的“民事诉讼化”现象。①

我国在行政诉讼法实施前，根据《中华人民共和国民事诉讼法

① 吴庚：《行政法之理论与实用》，中国人民大学出版社2005年版，第383页。

（试行）》（1982 年）第 3 条第 2 款的规定，对行政案件的审理适用民事诉讼程序。从我国行政诉讼制度产生发展历程来看，我国行政诉讼制度脱胎于民事诉讼制度，许多原则、规则和制度，如法院独立行使审判权原则、辩论原则、当事人平等原则、不告不理原则、禁止重复起诉、合议制、回避制、公开审判制、两审终审制度以及庭审程序等都直接来源于民事诉讼。即便是在行政诉讼法颁行之后，两者之间的先天联系仍然没有割断。无论是最高人民法院 1991 年制定的《关于贯彻执行〈中华人民共和国行政诉讼法〉若干问题的意见（试行）》（第 114 条），还是 1999 年制定的《关于执行〈中华人民共和国行政诉讼法〉若干问题的解释》（第 97 条），都规定人民法院审理行政案件可以参照民事诉讼的有关规定。事实上，如今，行政诉讼中的临时性救济制度以及诉讼保障制度依然遵循《民事诉讼法》的规定。

（二）行政起诉权与民事起诉权的共性

行政诉讼既为诉讼，必然具有作为一般诉讼的共性特征。例如，行政诉讼与民事诉讼一样都具备诉的要素与诉的基本特性，都存在对立两造的当事人，双方当事人的地位平等，法院处于居中地位裁判当事人之间的争议，两者在许多原则、规则、制度和程序上是相同或者相通的。对属于诉讼共性的东西，自然可以共通的诉讼法理和诉讼法律规范加以调整。行政起诉权与民事起诉权都属于起诉权，都是诉诸司法、向法院提起诉讼、启动诉讼程序的程序性权利，都包含有要求法院进行公正审判的权利。

（三）行政起诉权与民事起诉权的区别

与民事起诉权相比，行政起诉权具有如下特征：

第一，行政起诉权具有单方性。民事起诉权具有双方性、平等性。民事纠纷的双方当事人均平等地享有民事起诉权，任何一方当事人都有权向法院提起诉讼。一方当事人起诉后，另一方当事人享有反诉权。民事起诉权表现为一种平等的对抗（原被告之间的较量）。在行政法律关系中，行政相对人没有对抗行政权的权利，故在设计行政诉讼起诉制度时，只赋予在行政活动中处于被管理地位的行政相对人行政起诉权，被告行政主体没有反诉权。可见，行政起诉权表现为行政诉讼是对行政相对人单方面的救济。

第二，行政起诉权具有对行政权的反抗性。民事起诉权针对的是平等主体之间发生的民事权益纠纷，该纠纷在诉诸法院之前，处于未决状态，一方当事人无权自行确认对方当事人的权利义务，更无权强制对方履行义务。而行政起诉权针对的被诉行政行为，一经作出（附期限、附条件的行政行为除外）就具有公定力、确定力、拘束力与执行力，所有主体均应对该行政行为表示尊重，并自觉履行该行为规定的义务，如果行政相对人不履行行政行为规定的义务，行政机关可以强制或向法院申请强制相对人履行义务。因此，当事人行使行政起诉权不再是要确定双方之间的权利义务关系，而是要否定已经生效的行政行为的效力，故更加体现了公民对违法行政的反抗。

第三，行政起诉权的处分具有有限性。民事纠纷是平等主体之间的人身权、财产权争议，一般情况下，双方当事人对自己的民事权益都可以自由处分，民事诉讼尊重当事人的意思自治。因此，当事人对民事起诉权的处分是完整。当事人的起诉不仅能启动诉讼程序，而且当事人提出的诉讼请求、事实依据可以约束法院审理、裁判的范围；另外，在立案之前，法院还会对原告的起诉先行调解；双方当事人甚至可以通过协议选择仲裁规避诉讼，在合同纠纷和财产权益纠纷中还可以通过协议约定案件的管辖法院。但行政诉讼的审理对象是被诉行政行为的合法性问题，是一个公法争议，体现为私人权益与公共利益的冲突，双方不能随意处分行政行为，行政诉讼的法定性更强。在行政诉讼中，当事人对行政起诉权的处分是有限的，当事人的起诉仅能启动诉讼程序，法院为了维护公共利益、恢复公共秩序，会对被诉行政行为进行全面审查，不受当事人提出的诉讼请求和事实依据的约束，可以在当事人提交的事实证据之外，另外收集证据来查清案件事实。而且，双方不能通过协议约定选择复议而排斥诉讼，双方也不能约定管辖法院。故民事诉讼程序一般采当事人进行主义、辩论主义及言词审理原则。民事诉讼程序原则上应依当事人的意思进行或停止，法院不做积极干预；法院在当事人陈述范围外，仅于必要时主动调查审理，所作裁判均以当事人及证人口头陈述与所提证据为主要依据。

而行政诉讼程序一般采职权进行主义、职权探知主义及书面审理原则，诉讼程序由法院依职权推动，案件事实由法院依职权调查审理，不受当事人陈述与所提交证据的约束，且以书面审理为主，仅得在必要时进行言词辩论。

第四，行政起诉权对实体权益的保障仅具有形成性。当事人行使民事起诉权的目的在于通过确认民事权益归属及民事关系以保障权利人的权益不受侵犯或保障民事权益的实现，所以民事诉讼中以给付诉讼居多，民事诉讼可以直接满足当事人的权益要求。而行政诉讼旨在通过审查被诉行政行为的合法性，纠正违法行政给行政相对人带来的侵害，所以，行使行政起诉权主要是为了排除行政行为对行政相对人的影响或要求被告行政机关履行一定的职权，一般情况下，其不能直接实现行政相对人在行政法律关系中的权益。绝大多数情况下，行政相对人权益真正的实现还是依赖于被告行政机关行政权的运作。所以行政诉讼的主要类型是撤销诉讼，即使是给付诉讼，除行政赔偿诉讼外，一般都是判决被告行政机关履行或重新履行法定职责，极少直接具体判决被告行政机关给予原告何种权益。

第五，行政起诉权具有政治性。民事审判权乃法院固有的权力，伴随法院的产生而存在，行使民事起诉权就是为了解决纠纷，实现个案公平、正义，因此，民事起诉权纯属司法性。行政审判权并非法院固有的权力，而是国家为了让司法权能够制约、监督行政权而由法律赋予法院的权力，行政诉讼也并非单纯的法律制度，其较民事诉讼更具政治意味，它体现了权力对权力的制约，是国家政治架构中实施权力制约的主要形式之一。① 行政起诉权行使的法律意义不仅是实现个案的公平、正义，保护行政相对人的合法权益，也为司法权监督行政权提供了机会，为公民参与行政提供了机会。

从上述分析可以看出，行政诉讼法律关系远比民事诉讼法律关系复杂得多，行政诉讼法律关系体现着公民权、行政权与司法权三者的博弈。当今世界，行政权膨胀是趋势，各国都在思考如何能有效地约

① 胡玉鸿：《论行政审判权的政治性》，《法学》2004 年第 5 期。

束行政权。允许行政相对人对行政权提起诉讼，由司法权对行政权进行审查监督，无疑是一种不错的选择。行政相对人提起行政诉讼，既是公民自由行使诉权的体现，也是国家监督行政权的手段之一。但司法权不能代替行政权在行政诉讼中直接确定行政法律关系的权利义务，司法权对行政权的审查监督是有限的。

可见，行政起诉制度不单纯是一个法律制度，行政起诉制度在设计与运行上无不体现着行政起诉权（公民权）、行政审判权（司法权）与行政权三者相互牵制、博弈的关系。因此，在起诉制度的设计上，决不能只考虑如何保障当事人的起诉权，还要平衡行政效率、社会稳定等价值追求。因此，行政起诉制度的具体内容，尤其是诉讼要件和审查方式与民事起诉制度肯定有所不同。

三 行政起诉权的功能

行政起诉权作为一种基本的程序性权利，意味着只要行政相对人不服行政机关作出的行政行为（包括行政不作为），都可以起诉到法院，利用诉讼程序来解决行政纠纷从而保障自己的合法权益。在行政诉讼中，一般情况下，行政起诉权只能由行政相对人享有，行政相对人行使行政起诉权向法院提起行政诉讼客观上能发挥的作用或达到的效果，即为其功能。

（一）直接功能：启动行政诉讼第一审程序

不告不理原则是指对未经起诉的案件法院不得受理的诉讼原则，即刑事诉讼必须由公诉人或自诉人起诉，民事诉讼和行政诉讼必须由原告提起诉讼，法院才得受理；并在审理中受原告诉讼请求范围的约束，不得审理诉讼请求范围以外的事项。[①] 这也被称之为诉讼程序启动的被动性或应答性。按照司法最终解决原则，司法作为权利保障的“最后一道防线”，在当事人穷尽所有非司法救济途径后，行政纠纷仍未得到解决时，由法院为当事人提供司法途径给纠纷作一个最终的

---

① 《中国大百科全书》总编辑委员会：《中国大百科全书·法学》，中国大百科全书出版社 1984 年版，第 28 页。

解决。因此，法院对于当事人的起诉必须受理，否则行政纠纷就没有最终的解决结果，行政相对人的合法权益也就得不到最终的保障。

从不告不理原则和司法最终解决原则出发，笔者认为起诉对诉讼程序的开启应具有决定性作用。起诉权具有主动性，审判权具有被动性。审判权对起诉权负有应答义务，对于当事人的起诉，法院不得拒绝受理。当事人的起诉只要符合法律规定的条件与要求，就应产生诉讼系属的法律效果。我国《行政诉讼法》允许当事人对不予受理和驳回起诉的裁定提出上诉和申请再审，实际上是承认了合法的起诉对诉讼程序开始的决定性作用。如果起诉无法决定诉讼程序的开启，起诉权就无法制约法院的立案权，其后果是立案权必被滥用，必然会出现该受理的起诉被拒之门外。从我国现行行政诉讼起诉和受理制度来看，原告虽然有权提起行政诉讼，但如果法院不受理，原告的起诉并不能导致第一审程序的启动，换言之，当事人起诉权的行使并不必然能启动第一审程序。因此，司法实践中存在“起诉难”的现象也就不难理解了。

大陆法系的行政诉讼制度尽管采职权主义的诉讼模式，但第一审程序的启动上仍然遵循处分权主义，由当事人自由决定是否行使起诉权，当事人只要合法行使了起诉权，就能启动第一审程序，因此，起诉权是整个诉讼程序启动的原动力。在法治社会，法院是公平和正义的象征，公民享有的起诉权是法律为其提供的可接近司法、利用司法制度的机会，而当事人行使起诉权提起诉讼并启动第一审程序是获得司法救济、实现正义的前提和基础。因此，行使起诉权最直接的功能便是赋予当事人接近司法的机会，启动第一审程序。

（二）间接功能：为行政诉讼功能的发挥、对行政行为的公众参与提供了可能性

起诉权是打开司法之门的钥匙，只有行政相对人行使了行政起诉权，启动了行政诉讼程序，行政诉讼制度才有机会发挥其功能。正是因为行政相对人行使行政起诉权，将行政纠纷引入司法之门，法院才有机会解决纠纷、保护当事人的合法权益、监督行政。行政诉讼除了具备上述三项直接功能外，还具备维护社会稳定、促进行政实体法的

制定与完善、法制宣传教育等间接功能。这些功能的发挥都以当事人行使行政起诉权开启诉讼程序为前提。如果不行使起诉权启动诉讼程序，行政诉讼功能的发挥将成为一句空话。我国行政诉讼功能发挥差强人意，与我国行政诉讼案件数量少不无关系。

行政诉讼为行政相对人事后参与行政行为提供了机会。行政相对人通过行使行政起诉权，启动诉讼程序，使被诉行政行为处于法院的审查之下，法院将从行政机关的职权、作出行政行为的事实依据、法律依据、程序等方面对被诉行政行为的合法性进行全方位审查。显然，行政相对人作为原告能够参与法院审查被诉行政行为的全过程。换言之，在行政诉讼阶段，原告直接参与了行政行为合法性证成的全过程。

第三节　行政起诉制度与行政诉讼立法目的

一　行政诉讼立法目的

任何法律的制定和颁布都是基于特定的目的，该目的对法律的制定和实施起着指导作用。立法目的应是指“立法者在制定法律时主观上期望该部法律在将来的实施中所起的作用”。[①] 行政诉讼立法目的是“立法者根据对行政诉讼性质的认识和客观的现实需要，在制定行政诉讼法时主观上期望该部法律在将来的实施中所起的作用”。[②]

（一）我国行政诉讼立法目的界说

关于行政诉讼立法目的，立法之初就存在争论。[③] 我国《行政诉讼法》（1989 年）第 1 条最终将立法目的确定为“保证人民法院正确、及时审理行政案件，保护公民、法人和其他组织的合法权益，维护和监督行政机关依法行使行政职权”。理论上的分歧并没有随着行

① 林莉红：《行政诉讼法学》（第三版），武汉大学出版社 2009 年版，第 22 页。

② 孔繁华：《行政诉讼性质研究》，人民出版社 2011 年版，第 210 页。

③ 姜明安：《行政诉讼法学》，法律出版社 2007 年版，第 51—52 页。

政诉讼法的颁布而宣告终结。相反，随着行政诉讼立法目的的理论研究向纵深发展，学术界又出现更丰富多彩的观点。有学者对现有观点进行了总结：[①]

1. 一元目的论

一元目的论又分为“合法权益保护说”，认为行政诉讼的唯一目的是保护公民、法人或其他组织的合法权益，离开了这一目的，行政诉讼便毫无意义，目前多数学者持此观点；[②]“监督行政说”，认为行政诉讼的宗旨和目的是监督行政机关依法行使职权，认为保护公民、法人和其他组织的合法权益是国家法律的共同目的，而行政诉讼的目的仅是监督行政机关；“维护行政说”，认为行政诉讼的宗旨和目的是支持和维护行政机关行使职权，是行政执法的司法保障；[③]“纠纷解决说”，认为行政诉讼的真正唯一目的是解决行政纠纷，维护社会秩序。[④]

2. 二元目的论

二元目的论又分为“保护和保障说”，认为行政诉讼目的不仅在于保护公民、法人和其他组织的合法权益，而且还要保障行政机关依法行使职权；[⑤]“保障民主与促进行政效率说”，认为行政诉讼目的是保障公民的民主权利及其他合法权益，限制违法行政行为；[⑥]等等。

---

① 胡卫列：《行政诉讼目的论》，中国检察出版社2014年版，第23页。孔繁华：《行政诉讼性质研究》，人民出版社2011年版，第232—235页。

② 如张树义：《冲突与选择——行政诉讼的理论与实践》，时事出版社1992年版，第12页。章剑生：《行政诉讼法基本理论》，中国人事出版社1998年版，第6页。马怀德主编：《行政诉讼原理》（第二版），法律出版社2009年版，第68页。崔卓兰：《论确立行政法中公民与政府的平等关系》，《中国法学》1995年第4期。

③ 张尚鷟主编：《走出低谷的中国行政法学》，中国政法大学出版社1991年版，第387—388页。

④ 宋炉安：《行政诉讼程序目的论》，载刘莘、马怀德、杨惠基主编《中国行政法学新理念》，中国方正出版社1997年版，第366页。

⑤ 熊先觉主编：《中国行政诉讼法教程》，中国政法大学出版社1988年版，第8页。

⑥ 袁曙宏：《坚持民主与效率的统一——关于行政诉讼法两个基本点的思考》，《安徽法制报》1989年1月11日，第8版。

3. 多元目的论

多元目的论认为“行政诉讼的目的是保证人民法院正确及时审理行政案件，保护公民、法人和其他组织的合法权益，维护和监督行政机关依法行使职权”。“行政诉讼制度的基本目的有三：其一，保障公民权益，实现对公民的救济；其二，为政府的合法行为提供正当性支持；其三，解决行政纠纷，维护法律的统一和国家的整体利益，以及推行和确保行政法治”。[①]“行政诉讼内涵的多维性决定了行政诉讼目的的多元性。具体包括程序正义、利益平衡、促进合作和道德成本最低化”。[②]

4. 一元指导下的多元目的论

一元指导下的多元目的论认为“作为行政纠纷的解决机制，行政诉讼的目的在于解决行政纠纷，这是行政诉讼作为程序制度的直接目的。作为对行政权力进行监督和制约的机制，行政诉讼的目的也在于监督和制约行政权力。作为一种行政法上的救济制度，行政诉讼的根本目的在于保障行政权益。在行政诉讼的目的中，解决行政纠纷是行政诉讼的直接目的或称初级目的，在行政诉讼目的中处于最低的阶位；监督行政是体现行政诉讼本质特征的目的，是第二级或中级的目的；而保护行政权益（其中最核心的是保护行政相对人的行政权益）则是行政诉讼的根本目的，处于行政诉讼目的体系中最高的阶位。从总体上讲，这几个目的是层层递进的，下一阶位的目的同时也是促成上一阶位得以实现的手段”。[③]

（二）我国行政诉讼立法目的之应然

行政权的强制性决定了行政职权无须通过行政诉讼加以维护，因此，《行政诉讼法》（2014 年）第 1 条已经将“维护行政机关依法行使职权”这一目的删掉，改为“为保证人民法院公正、及时审理行政案件，解决行政争议，保护公民、法人和其他组织的合法权益，监

① 薛刚凌：《行政诉权研究》，华文出版社 1999 年版，第 29—31 页。

② 胡肖华：《行政诉讼目的论》，《中国法学》2001 年第 6 期。

③ 胡卫列：《行政诉讼目的论》，中国检察出版社 2014 年版，第 25 页。

督行政机关依法行使职权，根据宪法，制定本法”。然行政诉讼的目的应是唯一的，在监督行政与保护公民权益之间，应选择何者作为立法目的呢？二者之间虽有相当大的关联性，但两种目的模式所隐含的理念将导致依其设计的制度可能存在重大的差异。[①] 行政诉讼的立法目的应是保护公民、法人和其他组织的合法权益。因为在宪政语境中看待行政诉讼制度构建的意义，保护公民、法人和其他组织的合法权益无疑更加符合宪政的要求；从行政诉讼的产生看，如果没有行政主体对行政相对人合法权益的侵害，就没有行政诉讼产生的可能；而从行政诉讼的性质来看，“民告官”的行政诉讼是为行政相对人提供的法律救济途径。[②] 行政相对人与行政机关之间实力悬殊，现实社会客观上需要行政诉讼为行政相对人提供司法救济途径来达到与违法行政的抗衡，实现法律上力量的平衡。解决行政纠纷是为了缓和行政主体与人民群众之间的矛盾，维护社会秩序的稳定，监督行政机关依法行使职权是为了促进依法行政，从根本上讲这两者都是为了保护公民、法人和其他组织的合法权益。

二 行政起诉制度应以行政诉讼立法目的为运行目标

“立法目的的实现，程序是关键因素。只有将法律制度的目的作为该制度中程序运行的目标，程序才有意义；只有将制度的目的与程序的运行紧密地联系在一起，制度才可能是有序的制度”。[③] 作为行政诉讼的具体制度之一，行政起诉制度也应体现行政诉讼的立法目的，具体表现为行政审判权对行政起诉权的保障与支持。

行政起诉权与行政审判权相互依存，两者分别是法律为解决行政争议而赋予行政相对人及司法机关的权利和权力。“在权利与权力的关系上，依据宪政国家的基本理论，公民的权利是国家权力配置和运作的目的和界限，权力要受到权利的制约，权利对权力具有最终的取

① 杨伟东：《行政诉讼目的探讨》，《国家行政学院学报》2004 年第 3 期。

② 马怀德主编：《行政诉讼原理》（第二版），法律出版社 2009 年版，第 68—69 页。

③ 沈福俊：《中国行政救济程序论》，北京大学出版社 2008 年版，第 59 页。

舍力量”。[①] 行政起诉权是一项基本的、自然的程序性权利，是基于保护实体性权利的需要而产生的；行政审判权具有救济权益、解决纠纷、监督行政的功能，是基于对实体性权利予以司法救济的需要而产生的。行政起诉权是当事人启动行政审判权以救济自身权益的“钥匙”，行政审判权负有保障行政起诉权的义务。

行政起诉制度应从以下几方面来保障行政相对人的行政起诉权。

第一，保障行政起诉权自由行使。被动性是行政审判权最显著的特征，行政相对人行使起诉权是法院行使行政审判权的前提，国家（法院）有行政救济的职责，但并无主动干预的职权。“不告不理”是行政纠纷进行司法救济的基本准则，也是对行政相对人行使起诉权的尊重。行政相对人行使起诉权，提起行政诉讼是启动第一审程序的唯一动因。只有行政相对人起诉到法院，行政审判权才能启动和运行。行政相对人不起诉，行政审判权只能处于静止状态。

第二，规制法院的案件立案权。“审判权对于起诉权具有应答性，对于起诉权有求必应、有问必答。只要当事人起诉，法院就应当受理。对于当事人提出的诉讼请求，法院必须一一作出裁判”。[②] 行政审判权对行政起诉权负有应答义务，法院无权以任何理由拒绝当事人的请求，包括“法无明文规定”这个理由。当事人的起诉只要符合法律规定，案件就应当产生诉讼系属，开启法院的审理程序。强调行政审判权对行政起诉权的应答性，有利于克服法院在受理程序上滥用立案审查权，将那些本应由法院保护的权益诉求拒在司法大门之外。如果当事人无法进入诉讼程序，不论行政诉讼程序设计得如何精密妥当，其正当权益都不可能获得司法保障。

第三，保障行政起诉权有效行使。法院作为行政起诉权的义务主体，除了做到“不告不理”、“有告必理”之外，还应当积极主动地采取一些措施支持和保障行政起诉权能够有效行使。我国公民对行政

① 刘敏：《论司法为民的实质——从裁判请求权与审判权的关系着手考察》，《法律适用》2005 年第 3 期。

② 吴英姿：《诉讼理论重构》，《南京大学法律评论》2001 年春季号。

诉讼了解不多，行政诉讼也没有实行强制代理制度，当事人可能不懂如何打行政官司，因此，法院不仅应当尊重当事人自由行使起诉权，接受当事人的起诉，更应该对当事人提起行政诉讼给予必要的诉讼指引、释明和告知。对经济确有困难的当事人，法院应当为其提供司法救助，不能让经济困难成为当事人行使起诉权的障碍。必要时，法院还可以将经济困难的当事人的信息转发给司法行政机关，建议司法行政机关为其提供法律援助。这些措施都是为了保障所有当事人能够有效行使起诉权，让所有当事人都有接近司法、接近正义、平等地利用司法制度的机会。

第三章

域外行政起诉制度之借鉴

我国行政诉讼“起诉难”的存在以及2014年修改行政诉讼法改审查立案制为登记立案制，都是公民权、司法权、行政权三者在现实中博弈的结果。法治相对完善的国家和地区是否存在行政诉讼“起诉难”，在这些国家和地区公民权、行政权、司法权三者博弈的结果又如何。我们不仅应了解域外比较完善的行政起诉制度，更应深入了解这些制度制定的法理依据和历史背景。

当今世界行政诉讼制度，根据两大法系的法律传统可以分为英美型和大陆型两种类型。英美法系的行政诉讼制度称为“一元裁判体制”，行政案件由普通法院审理；大陆法系行政诉讼制度又称为“二元裁判体制”，行政案件由独立于普通法院的行政法院来审理。

第一节　英美法系行政起诉制度

英美法系的行政起诉制度具有如下特点：

第一，一切诉讼无论是民事纠纷（私法纠纷）还是行政纠纷（公法纠纷）皆由普通法院管辖。基于英美法系对“三权分立”的理解和普通法传统，认为掌控行政权的官员同私人一样应当服从普通法，普通法院是行使国家审判权（包括对行政案件的审判）的唯一机构，不能在普通法院之外另设特别法院与之分享。英美法系不设专门主管行政诉讼的司法机构，普通法院是行政诉讼的主要受理机构，且对其他行政裁判机构的裁决享有最终裁决权。

第二，英美法系行政诉讼的主要形式司法审查（Judicial Review）

属于民事诉讼中的特别程序。英美法系的行政诉讼主要是司法审查，英美法系几乎没有单独的行政诉讼法典，法院进行司法审查，当制定法没有特别规定时，准用一般的民事诉讼规则。因此，可以在民事诉讼语境下来讨论英美法系的行政起诉制度。

第三，英美法系的行政救济制度实行双轨制，在提起司法审查之前，一般要穷尽所有行政救济途径。

一 英国司法审查之启动

在英国，当行政相对人认为自己的合法权益受到以行政机关为主的各种公共机构的侵害时，可以通过向普通法院提起司法审查之诉（Judicial Review）来维护自己的正当权益。① 英国的司法审查之诉由普通法院管辖，其程序规则适用英国《民事诉讼规则》（1999 年）第 54 章“司法审查”。② 在某种程度上可以将英国的司法审查程序视为民事诉讼的一种特别程序。③ 换言之，当制定法没有特别规定时，司法审查之诉准用民事诉讼规则。作为英国《民事诉讼规则》配套规定的《诉讼指引》（Practice Direction，PD）第 54 章也以“司法审

① 20 世纪以来由于社会、经济、政治的发展，行政权日益扩大，行政活动带有更多技术因素，行政纠纷大量增加，由普通法院单独审理行政案件的单一型诉讼制度已显其弊端，于是在 20 世纪 50 年代起，英国一方面加强普通法院的司法审查权，另一方面又迅速设立各种行政裁判所。从性质上说，行政裁判所是国家行政机器的重要组成部分，是属于行政部门的行政司法机关，但又在司法部门的监督之下。由此，英国建立了行政机关同司法机关共同审理行政案件的二元交叉型行政救济制度。如今在英国，司法审查并不是行政救济的主要途径，绝大多数行政纠纷是由行政裁判所解决的。英国行政裁判所的裁决不是司法审查的前置程序，根据“司法最终解决”原则，普通法院拥有对所有法律纠纷的最终裁决权，普通法院可以通过司法审查监督和纠正行政裁判所错误的裁决。参见［英］威廉·韦德《行政法》，徐炳等译，中国大百科全书出版社 1997 年版，第 622—625、688—699 页。

② 英国《民事诉讼规则》是一个开放的立法体系，自 1999 年 4 月 26 日生效实施至今，不断进行更新。在 2003 年 3 月的第 31 次更新中，该法第 54 章的名称“司法审查”（Judicial Review）修订为“司法审查与法定审查”（Judicial Review and Statutory Review），并插入一节作为第二节；在 2005 年 3 月的第 39 次更新中，第 54 章再插入一节作为第三节。参见齐树洁主编《英国司法制度》，厦门大学出版社 2007 年版，第 401 页。

③ 齐树洁主编：《英国民事司法改革》，北京大学出版社 2004 年版，第 427 页。

查”为名就司法审查之诉的程序规则作出了补充性规定。2001年，英国司法大臣办公厅就司法审查之诉的诉前程序作出了特别的安排，颁布了《司法审查中的诉前议定书》（*Pre-Action Protocol for Judicial Review*）。

（一）诉前议定书程序

英国的司法审查之诉与普通民事诉讼一样，都要经过诉前程序，该诉前程序不是行政裁判所的裁决，而是诉前议定书制度。1999年英国《民事诉讼规则》引入了诉前议定书制度，2001年英国司法大臣办公厅针对司法审查之诉专门颁布了《司法审查中的诉前议定书》。根据该规定，原告在提起司法审查之诉之前必须按附件A要求的标准格式向被告送达诉前信函（the letter before claim），其内容必须包含（必须记载的事项）：（1）行政裁决的日期与细节；（2）原告申明不服的公共机构的作为或不作为；（3）表达清晰的案件事实概述；（4）与案件有关的任何信息的细节。除了上述必要内容之外，诉前信函一般还应包括（任意记载的事项）原告已知的任何相关当事人的细节。

被告在收到原告诉前信函后14天内，必须根据附件B的标准格式向原告送达回复信（the letter of response）。被告的回复信必须包括：（1）公共机构中处理被申诉裁决的经办人的身份；（2）被申诉裁决的细节（在适当的情况下提供关于作出这种裁决的详细理由）；（3）被告对潜在诉讼的回复以及任何相关当事人的细节。被告必须回复，如果被告怠于回复，除非有合理理由，否则，法院在其后的诉讼中作出判决时，将考虑这一情节，同时，还可能对被告采取相应的制裁。被告回复后，如果双方当事人仍有争议，应当及时协商，尽量通过和解来解决纠纷，避免诉讼。

诉前议定书制度是希望通过双方当事人在诉前充分交换各自的信息，促进双方在知情的基础上尽快达成和解，避免用诉讼的方式解决纠纷，从而减少诉讼案件的数量，缓解诉讼爆炸的压力。即使诉讼无法避免，法院通过诉前议定书制度，要求当事人之间进行信息交换及证据开示，可以排除无争议的事项，明确争议焦点，促进对案件的有效管理，为案件的顺利审理做好前期的准备工作。

在英国，诉前议定书程序是提起司法审查之诉必经的诉前程序。诉前议定书制度约束当事人的诉前行为，如果当事人未遵守诉前议定书，导致本可以避免的诉讼被发动，或者导致本可以避免的诉讼费用产生，法院可能会对其在诉讼费用或利息方面进行制裁。

(二) 起诉程序

1. 起诉期限

当事人提起司法审查之诉，受3个月起诉期限的限制。① 该3个月为不变期间，不得协议延长。如果3个月的起诉期限即将届满，在诉前议定书程序中双方尚未达成和解，原告也必须向法院提起司法审查之诉；若还未经诉前议定书程序，也应直接提起司法审查之诉，但必须向法院陈述未遵守诉前议定书程序的理由，否则，法院可能会对其在诉讼费用或利息方面进行制裁。

2. 诉讼程序的启动

在英国，司法审查之诉的提起方式与民事诉讼的提起方式相同，均要以书面形式起诉，法院向原告签发诉状表②时，诉讼程序即告开始。诉状表必须记载如下事项：(1) 原告认为任何有利害关系的当事人的姓名和住址；(2) 原告请求法院许可其提起司法审查之诉；(3) 原告主张的全部权利救济的诉讼请求（包括临时性救济）。③ 由于诉状表只需提供极其概括和简要的信息，提交诉状表的同时，原告

---

① 英国《民事诉讼规则》(1999年) 第54.5条 (起诉期限) (一) 提起诉讼必须遵循以下条件：(1) 及时；(2) 无论如何，在第一次提出起诉理由之日起的3个月内。(二) 本条规则规定的期间，当事人不得通过协议予以延长。(三) 如果其他法律规定了有关司法审查之诉诉讼期限的，短于3个月的特别期间，则适用该特别期限规定。

② 在英国，诉状表是法院基于原告的申请，向被告签发的一种命令，通知被告必须满足诉状表所记载的诉讼请求或者必须把送达回执交至法院。

③ 英国《民事诉讼规则》(1999年) 第54.6条 (诉讼格式) (一) 除了遵循本规则第8.2条 (诉讼格式的内容) 规定外，原告还应当在诉讼格式中列明下列事项：(1) 原告认为任何有利害关系的当事人的姓名和住址；(2) 原告请求法院许可其提起司法审查之诉；(3) 原告主张的全部权利救济的诉讼请求 (包括临时性救济)。(二) 提交诉讼格式，应当一并提出有关诉讼指引确定的文书。

须一并提出有关诉讼指引确认的文书（这些文书实际上也是诉状表的一部分，民诉学者称之为“诉状明细”）以对案情和主张作进一步的说明和补充。其内容主要包括：（1）原告提起司法审查之诉的详细理由；（2）所依据的事实陈述；（3）要求提交诉状表期间展期的申请书；（4）指令申请书；（5）审理程序进行的时间预计。①

在提交诉状表的同时还要一并提交下列文书或证据：（1）所有支持有关诉讼或展期申请书的书面证据；（2）原告寻求撤销的命令的副本；（3）如果司法审查之诉涉及法院或审裁处的裁决，作出裁决理由的核准副本；（4）原告拟依赖的所有文书副本；（5）有关法律文书资料的副本；（6）呈请法院进一步核查的基本文书清单（标明所依据的页码索引）。② 这些证据材料是为法院进行诉讼许可程序而准备的，属于任意提交的材料。倘若未能提交上述文书与材料，须向法院说明未提交以及目前不能提交有关文书的理由，并不影响法院签发诉状表。③

当事人向法院提交了上述文书及材料后，法院只对当事人的起诉是否符合格式要求进行形式审查，然后由法院签发诉状表，即完成了立案。总体而言，原告起诉几乎没有限制，只要按照要求填写完整诉状表及诉状明细，即可启动诉讼程序。

3. 送达诉状表副本

在英国，诉状表是由原告送达的。原告须在诉状表签发之日起 7

① 英国《民事诉讼规则》（1999 年）第 54 章（诉讼指引）第 5.6 条（诉状格式）诉状格式须载明如下事项，或一并提交有关如下事项文书：（1）原告提起司法审查之诉理由的详细陈述；（2）所依据的事实陈述；（3）要求提交诉状格式期间展期的申请书；（4）指令申请书；（5）审理程序进行的时间预计。

② 英国《民事诉讼规则》（1999 年）第 54 章（诉讼指引）第 5.7 条 此外，提交诉状格式时，还须一并提交如下文书或证据：（1）支持有关诉讼或展期申请书的任何书面证据；（2）原告寻求撤销的任何命令副本；（3）如果司法审查之诉涉及法院或审裁处裁决的，作出裁决理由的核准副本；（4）原告拟依赖的任何文书副本；（5）任何有关法律文书资料副本；（6）呈请法院进一步核查的基本文书清单（标明所依据的页码索引）。

③ 英国《民事诉讼规则》（1999 年）第 54 章（诉讼指引）第 5.8 条 如果不可能提交上述所有文书的，原告须说明，有关文书尚未提交以及目前不能提交的理由。

日内，向被告以及除法院另有指令外原告认为与案件有关的利害关系人送达诉状表副本。①

4. 提交送达回执

被送达人如果希望参加司法审查之诉，应当向法院及有关利害关系人提交送达回执（acknowledge of sevice），② 表明其已经收到原告的诉状表。逾期未提交送达回执，只表明其不参加决定是否做出诉讼许可的审理程序，并不影响其参加后面的司法审查的审理程序。

（三）诉讼许可程序

无论是提起司法审查之诉，还是将诉讼移送至行政裁判所，都必须取得法院的诉讼许可（permission）才能启动审理程序。③ 法院可行使自由裁量权分别作出诉讼许可、拒绝诉讼许可、附条件的诉讼许可

---

① 英国《民事诉讼规则》（1999 年）第 54.7 条（诉讼格式的送达）诉讼格式副本应当在签发之日起 7 日内送交下列人员：（1）被告；（2）除法院另有指定外，原告认为任何有利害关系的当事人。

② 送达回执（acknowledge of service）是一种要式诉讼文书，它表明受送达人承认送达的事实，但该回执不是一种答辩方法。英国《民事诉讼规则》（1999 年）第 54.8 条（诉状格式回执的送达）（一）诉状格式的任何受送达人，如果希望参加司法审查之诉的，在收到诉状格式副本后，应当根据本法相关条款提交一份相关的回执文件。（二）任何诉讼格式回执应当：1. 在诉讼格式送达之日起 21 日内提交。2. 由下列人员作出：（1）被告；（2）根据第 54 章第 7 条诉讼指引而被指定的，被列入诉讼格式的任何人，但是法院根据本规则第 54.7 条第 2 项另有指令的除外。只要有条件的，应当在不迟于诉讼格式送达之日起 7 日内作出。3. 本条规则规定的期间，当事人不得通过协议予以延长。4. 该项诉讼格式回执（1）应当 1）提交诉状格式回执的人拟对诉讼提起抗辩的，列明抗辩理由概要；2）陈述诉讼格式回执的提交人认为有利害关系的人之姓名和地址。（2）可以包括要求法院作出指令的申请书，或者一并提交指令申请书。5. 本规则第 10.3 条第 2 款不予适用。英国《民事诉讼规则》（1999 年）第 54.9 条（未提交送达书回执）（一）如果诉讼格式的受送达人未根据本规则第 54.8 条之规定，提交诉讼格式回执的 1. 可以不参加决定是否作出诉讼许可的审理程序，除法院另行要求之外；2. 如果有关受送达人遵守本规则第 54.14 条之规定，或者遵循法院关于提交和送达如下文书或证据的其他任何指令（1）对有关诉讼提出抗辩的详细理由，或者支持抗辩的其他理由；（2）任何书面证据。就可以参加司法审查的审理程序。（二）如果有关受送达人参加决定是否作出诉讼许可的审理程序的，则法院在作出诉讼费用命令时，可以考虑其未提交送达书回执的情节。（三）本规则第 8.4 条第 2 款不予适用。

③ 英国《民事诉讼规则》（1999 年）第 54.4 条（必备的法院许可）无论是根据本章提起的司法审查之诉，还是移转到行政裁判所进行的司法审查之诉，都需要得到法院的许可才能启动程序。

或者基于特定理由的诉讼许可四种命令。法院考虑诉讼许可问题一般不经审理程序，但如果拟作出拒绝诉讼许可、附条件许可或基于特定理由的诉讼许可时，要经审理程序。举行审理程序前，至少应当提前2日通知原告、被告以及其他提交诉状表送达回执的人。该审理程序，只需原告出庭即可（原告可以亲自出庭，也可以委托代理人出庭），被告及其他任何利害关系人可以不出庭。在诉讼许可的审理程序中，原告必须在法庭上向法官公开陈述提起司法审查的理由。一般而言，法院作出诉讼许可必须满足三个条件：（1）存在一个等待审查的争议事项；（2）申请人有足够的利害关系；（3）申请不存在不正当迟延的情况。可见，在英国，法院立案后，也有一个类似对诉的合法要件进行审查的程序，在这个审理程序中，原告是可以参与的。

被告及其他诉状表的受送达人在收到诉讼许可命令后，就进入答辩阶段。被告及其他诉状表的受送达人在收到诉讼许可命令后35日，提交答辩状及相关证据。

二　美国司法审查之启动

美国实质意义的行政诉讼也称为司法审查（Judicial Review），① 是美国司法机关对行政机关的行政决定进行审查，从而纠正违法或不当行政行为，对特定行政决定的受害人提供救济的司法制度。美国的

① 我们谈到美国行政诉讼，有两种不同的制度：一是美国人自己说的行政诉讼（Administrative Procedure），是行政机构进行的行政裁判活动；另一是我们根据我国行政诉讼制度理解的美国行政诉讼，即美国的司法审查（Judicial Review）。我国的行政诉讼制度承袭的是大陆法系行政诉讼制度，在英美法系，与之相对应或相接近的制度应该是司法审查（Judicial Review），是对行政机构或独立管理机构通过行政裁判作出的行政裁决的审查。但美国的司法审查不仅审查行政机关的行为是否符合宪法与法律，还审查国会制定的法律是否符合宪法，也包括上级法院对下级法院或联邦法院对地方法院之决定的正确性的审查。参见薛刚凌主编《外国及港澳台行政诉讼制度》，北京大学出版社2006年版，第195—196页。美国的行政救济实行双轨制，即行政机关和法院都可以对行政相对人进行救济，行政机关的救济方式主要是行政裁决，法院的救济方式为司法审查。美国的司法审查与行政裁判有着极密切的联系，司法审查是建立在广泛、完善的行政裁判制度基础之上的。普通法院对行政案件享有最终裁决权，当事人不服专门行政裁判机构的裁决时，在一定期限内，可向普通法院上诉。从某种意义上说，美国的行政裁判和司法审查共同构成美国行政诉讼制度。

司法审查也由普通法院受理，美国有《联邦司法审查法》（1948 年），但与所有法典一起编入美国法典，在《联邦司法审查法》中没有特别规定的，准用美国《联邦民事诉讼规则》。

（一）行政救济优先原则

在美国，提起司法审查，要遵循两项原则：一是“初审权”原则。“初审权”原则是指法院和行政机关对同一案件都有管辖权时，由行政机关行使初审权，只有在行政机关作出决定之后当事人仍不服的，法院才能进行司法审查。另一是“行政救济穷尽”原则。“行政救济穷尽”原则，是指对某一行政案件，若相对人有可能获得行政救济，在未获得行政救济之前不能提起司法审查。换言之，行政纠纷产生后，当事人应当首先利用行政系统内部的救济手段，然后才能请求法院进行司法审查。由于受上述两原则的限制，在美国提起司法审查的行政案件，一般都先经过专门行政裁判机构的行政裁判。① 从某种意义上讲，行政裁决可以被视为美国司法审查的初审程序，行政裁判机构可以视为美国司法审查的初审法院。

（二）诉答程序

美国《联邦民事诉讼规则》第 2 条规定美国只有一种诉讼形式，即民事诉讼。当《联邦司法审查法》对司法审查程序没有特别规定时，准用《联邦民事诉讼规则》的规定。同所有诉讼一样，司法审查也有诉答程序、证据开示程序以及审理程序。诉答程序（Pleading）原本是指在法庭正式审理事实之前，双方当事人以相互交换起诉状和答辩状的方法启动诉讼以及确定诉讼争点的程序。如今，美国民事诉讼的诉答程序仅起到通知对方当事人，让其进行诉讼准备的作用。②

---

① 美国国会在 1990 年制定了《行政争议解决法》（Administrative Dispute Resolution Act），与诉讼程序相比，行政裁决程序更加简便、经济、高效，相对人更青睐于行政裁决，许多争议已经在行政程序中通过调解、斡旋等方式解决。因此，现实中，同英国一样，美国的行政案件，绝大多数都由行政裁判机构或经行政系统内部救济途径解决了，美国法院能够进行司法审查的案件数量是很少的。当然，如果没有特别法规定某行政纠纷某行政机关有管辖权或有其他的行政系统内部救济途径，当事人还是可以直接向法院提起司法审查之诉。这种情况，美国司法实践中极少。

② 白绿铉：《美国民事诉讼法》，经济日报出版社 1998 年版，第 37—38 页。

1. 司法审查之诉从相对人向法院提交起诉状时开始

美国《联邦民事诉讼规则》第3条规定民事诉讼从原告向法院提交起诉状时开始。即一旦原告将起诉状通过挂号邮寄或亲自递送的方式交给具有适当管辖权法院的书记员，便意味着诉讼程序的正式启动。

美国《联邦司法审查法》（1948年）第2344条对提出司法审查的时间、方式和起诉状的内容作了具体的规定。① 在美国，司法审查应当在行政机关送达或通知当事人有关行政命令或决定后60日内以书面方式提出，起诉状应包括以下简洁声明：（1）寻求审查的诉讼的性质；（2）确定审判地点所基于的事实依据；（3）寻求救济的理由；（4）请求的救济方法。同时附上命令、报告或行政机构决定的副本作为证据。

是否提起司法审查的决定权属于行政相对人，为了使起诉状不至于成为各方当事人刺探对方立场和情报的方式，原告只需在起诉状中简明地表明其有权获得某种救济请求即可，并不要求其在起诉时详细列明诉讼请求所依据的事实，以及对有关事实细节及证据进行具体详细的陈述。因此，起诉状的功能不是在于明确焦点、发现事实，而仅仅是通知有关当事人案件情况，使其进行审前和开庭审理的准备。

原告向法院递交起诉状后，由法院的书记员对原告的起诉状进行形式上的审查，主要看记载的事项是否完备，若符合要求，加盖法院印章并编上案号，表示法院确认其起诉行为。与一般民事诉讼案件由原告将起诉状副本送达对方当事人不同，司法审查的起诉状副本由法院送达，书记员通过挂号邮寄向行政机构和司法部长各提交一份起诉状副本，并附上送达回执。

① 美国《联邦司法审查法》（1948年）第2344条本章所列可审查命令一旦作出，行政机关须依据其规则立即就此通过送达或公告予以通知。所有受此最后命令侵害的当事人皆可在该命令作出后60天以内，向所在地的上诉法院提出对该命令进行审查的申请。该诉讼应针对合众国提起。该申请应包括以下简洁声明：（1）寻求审查的诉讼的性质；（2）确定审判地点所基于的事实依据；（3）寻求救济的理由；（4）请求的救济方法。申请人应将命令、报告或行政机构决定的副本作为证据附于申请书之上。书记员应通过挂号邮寄向行政机构和司法部长各提交一份准确的申请书抄本，并需要有回执。

2. 法院对原告的起诉采取从宽原则

对原告的起诉，在美国不存在由法官“把关”的问题。1957 年美国最高法院在一次判例中写到，除非原告不能证明其请求的基础和救济的权利所依据的事实之间的关系，即使在请求的记载上有欠缺也不得驳回起诉。最高法院认为，原告是根据联邦议会的法律提出请求，因此，法院应从有利于原告方面从宽解释起诉状，特别是对未经过法庭审理就驳回诉讼要慎重。①

3. 对原告起诉的合法性问题由被告抗辩

在美国，诉讼程序的进行采当事人进行主义，实行“对抗制”。司法实践中，法院不会对原告起诉状的内容进行实质审查，当事人的起诉是否适法，完全属于当事人自己的事情，由被告进行抗辩。

如果原告的起诉不合法，比如原告起诉欠缺事务管辖权、欠缺对人管辖权、审判地不适当、传唤被告的传唤状不符合程序上的要件或传唤被告不符合法定程序、没有叙述所要求的救济请求、没有通知必要共同诉讼当事人参加诉讼等类似大陆法系民事诉讼中的诉讼要件（或称诉的合法要件）时，法院不会主动审查，皆由被告在答辩状中主张，或在提出答辩状之前向法院单独提出驳回诉讼的申请。此时，才会引起法官对本案受理问题的关注。如被告无此抗辩，一般情况下诉讼就进入证据开示程序。

三 中国香港地区行政诉讼之启动

我国香港地区的行政救济法律制度基本承袭了英国的行政救济法律制度，也是实行双轨制。一是行政系统内部救济制度，包括行政机关内部处理的一般申诉、各种行政审裁机构（上诉委员会）的行政裁决、行政长官会同行政会议以及申诉专员制度。② 另一是由普通法院实施的行政救济。《中华人民共和国香港特别行政区基本法》第 35

① 白绿铉：《美国民事诉讼法》，经济日报出版社 1998 年版，第 43—44 页。

② 林莉红：《香港的行政救济制度》，载林莉红《行政诉讼法学》（第三版），武汉大学出版社 2009 年版，第 273—291 页。

条第2款规定，香港居民有权对行政部门和行政人员的行为向法院提起诉讼。该规定中的“行为”不仅包括公民与政府之间产生的公法上的纠纷，[①] 也包括公民与政府之间涉及金钱利益的由政府承担侵权法律责任的民事（私法）纠纷。[②] 香港普通法院提供三种救济行政相对人权益的方式，即一般的民事诉讼、制定法上的上诉（Appeal）[③] 制度和普通法上的司法复核（Judicial Review）制度。上诉是制定法上的救济手段，行政相对人对行政申诉机构的裁决不服，上诉到普通法院，普通法院依据制定法的授权，对该行政决定进行审查。司法复核（Judicial Review）是普通法上的救济制度，属于香港民事诉讼的特别程序，是最高法院依其对下级法院和行政机关具有的传统的监督权，撤销或禁止行政机关的越权行为，或命令行政机关履行法定的义务。[④]

---

① 公民与政府之间产生的公法上的纠纷包括政府和公共机构所作的有关公众的行为、决定，以及附属立法（行政机关、独立的管理机构或法人团体制定的各种规章、规则等，类似我国大陆地区的抽象行政行为），即政府作出的影响个人自由、财产或名声的行政决定。

② 这里的民事纠纷与行政纠纷是按照我国大陆地区的法律制度的理解。在香港，没有区分民事纠纷与行政纠纷，无论是行政机关与公民之间的法律关系，还是公民相互之间的法律关系，都适用相同的法律。

③ 在香港，某些制定法明文规定，对行政申诉机构作出的裁决不服可以向高等法院原讼法庭“上诉”，此“上诉”与我国大陆地区诉讼制度中的“上诉”不能等同。香港法律称“上诉”为“入禀”，在某种程度上相当于我国大陆地区诉讼制度中的“起诉”。如果将行政申诉机构作出的裁决看作是对行政纠纷的“初审”，那么将对行政申诉机构的裁决不服到香港高等法院原讼法庭的起诉视为“上诉”也无不妥。

④ 香港没有与我国大陆地区行政诉讼制度相对应的法律制度，若从法院对行政机关进行监督与对行政相对人权益进行救济的角度来看，香港普通法院实施的三种行政救济方式都可以看作是行政诉讼。参见林莉红《香港的行政救济制度》，载林莉红《行政诉讼法学》（第三版），武汉大学出版社2009年版，第273—291页。香港法律文本以及香港学者习惯将“Judicial Review”译为“司法复核”，“司法审查”是我国大陆地区学者对“Judicial Review”的翻译。本书此处按香港法律文本的表述。香港的司法复核不仅包括对行政机关和公共机构行政决定的司法复核，还包括对行政机关和公共机构附属立法的审查，以及对下级法院司法判决的审查。参见薛刚凌主编《外国及港澳台行政诉讼制度》，北京大学出版社2006年版，第300—301页。本书所讨论的司法复核是对行政机关和公共机构行政决定的司法复核。

从实践操作上讲，行政相对人的权益受到行政机关或公共机构行政行为的侵害，先看制定法有无行政系统内部救济制度的规定，若有这方面的规定，一般先依制定法向各行政申诉机构、审裁机构（上诉委员会）、申诉专员公署等提出申诉，对上述机构作出的裁决不服，再向普通法院寻求救济。如果行政机关对公民权利的侵害构成普通法上的诉讼原因，公民可以提起一般的民事诉讼获得救济。如果行政机关的行为不能纳入普通法上的民事诉讼，或依此类诉讼不能完全获得救济，再看是否有制定法明文规定该纠纷可以向普通法院提起上诉，若有，则可依制定法对行政申诉机构的裁决向普通法院提起上诉；反之，则由公民依据普通法向香港高等法院申请司法复核。① 可见，适用制定法上的上诉制度和普通法上的司法审查制度的行政案件，一般都经过行政系统内部救济制度或经过普通法上的民事诉讼制度。

在香港，普通法院对所有案件享有最终裁决权，所有的诉讼案件都适用民事诉讼程序。香港不仅没有关于司法审查的法典，甚至没有一部统一独立的民事诉讼法典，有关民事诉讼的规则散见于《高等法院条例》、《地方法院条例》、《裁判司条例》、《诉讼证据条例》、《起诉期限条例》等单行法规中。

（一）对行政申诉不服上诉之启动

对行政申诉不服上诉之启动与提起一般民事诉讼的规定相同，在香港民事诉讼中均称为“入禀”。② 除了法律有规定必须用诉愿或其他方式如原讼传票入禀之外，提交诉状是民事诉讼中最为普遍的入禀方式。在诉状方式中，原告需依《高等法院诉讼章程》订立的格式填妥诉讼程序通知书、文件送达认收书，连同入禀费一起交至法院。法院收到入禀材料后，审查材料是否齐备，经核对无误后，对案件进

① 薛刚凌主编：《外国及港澳台行政诉讼制度》，北京大学出版社 2006 年版，第 279—280 页。

② 入禀，广东话，粤语，上诉的同义词，是指当事人对人民法院或行政诉讼机关所作的尚未发生法律效力的一审判决、裁定或评审决定，在法定期限内，依法声明不服，提请上一级人民法院重新审判的活动。这是百度百科中对“入禀”的解释，香港法律中的“入禀”相当于我国大陆地区诉讼制度中的“起诉”。

行编号，即正式立案。入禀时，原告并不需要详细陈述诉讼请求以及所依据的事实和理由。原告可以在提交诉状的同时，或入禀后法院指定期间内，再制作一份申请书，详细陈述诉讼请求以及所依据的事实和理由。可见，香港民事诉讼实行登记立案制。

入禀法院后原告须按法定方式向被告送达诉讼开始的文件，包括诉讼程序通知书、申请书以及文件送达认收书。当然，有的文件是由法院负责送达的，但以原告送达为主。被告收到各类文件后，进入被告填交文件送达认收书以及答辩程序。

还有一种比较特殊的入禀方式，即原讼传票程序，这种程序只适用于制定法特别规定可适用该申请方式的高院案件。用原讼传票入禀，申请人必须按指定格式填妥原讼传票、申请通知书、诉讼程序通知书和文件送达认收书，上述文件正副本连同入禀费交至法院，法院即对该案编号立案，并在申请通知书上填写首次聆讯日期时间。[①]

（二）司法复核之启动

所有涉及公法的诉讼必须以司法复核的方式提出。申请司法复核的行政案件，一般都经过行政系统内部救济程序。

1. 司法复核申请许可

根据香港《高等法院条例》第 21K 条第三项和香港《高等法院规则》第 53 号命令第三项的规定，提出司法复核的申请必须依照法院规则取得原讼法庭的许可。司法复核的申请必须由行政相对人单方面提出，故又称为单方面申请许可。《高等法院规则》第 53 号命令第四项规定，申请司法复核的许可，必须在申请理由首次出现的日期起（被申请的行政决定作出后）3 个月内提出，但如果法庭认为有理由延展该申请期限的除外。

根据《高等法院规则》第 53 号命令第三项的规定，相对人提出申请的方式是将下列文件送交法院登记处存档：一份采用附录 A 表格

① 张学仁主编：《香港法概论》，武汉大学出版社 1996 年版，第 593—596 页。转引自薛刚凌主编《外国及港澳台行政诉讼制度》，北京大学出版社 2006 年版，第 323—324 页。

86 格式的通知书、核实所依据的事实的誓章[①]以及相关书面证据。通知书上须载明：申请人的基本信息；答辩人的基本信息；所寻求的救济以及该救济所依据的理由；若有利害关系人，利害关系人的基本信息；若有代表申请人的律师行，该律师行的名称、地址；若没有代理律师，申请人的送达地址。由于是单方面申请，申请人在通知书内必须列出所有相关的事实和文件，不论这些事实或文件对申请人是否有利。申请人提出许可申请时须同时呈交一份誓章，列出案情事实，并把被申请司法复核的行政决定或裁决等相关书面证据列为呈堂证物。

许可申请中，聆讯并非必经程序。法院在收到申请人提交的有关文件后，可在不进行聆讯的情况下直接就申请作出裁定。若申请人在通知书中请求法庭聆讯，或法院认为申请文件需要进一步解释的，法官可以组织聆讯。法庭只有在认为申请人就申请所涉的事项有足够权益时，才会批准许可。如果法院认为当事人的申请不真实，不会受理申请。司法常务官均须将法官的命令送达申请人。申请人对法院拒绝准予许可的决定不服，可在该命令作出后 14 天内向香港上诉法院提起上诉。如果法院批准许可，申请人须在准予许可后 14 天内向答辩人及法庭指示的利害关系人送达准予许可的命令。

香港《高等法院规则》第 53 号命令第三项明确规定了准予许可申请司法复核的法律效力，其中之一即为行政行为停止执行，即凡获准许可申请司法复核，如所寻求的救济是禁止令或移审令，而法庭指示批准给予该命令，则该项批准的作用即为将该申请所关乎的法律程序搁置，直至该申请已有裁定或法庭另有指示为止。

香港司法复核申请许可程序类似我国行政诉讼制度中的立案审查，会审查申请人与被申请事项是否有足够权益，但在该许可程序中，申请人有参与权，申请人可以在申请书中要求参加聆讯，法官认为申请书需要进一步解释，也会通知申请人参加聆讯，在聆讯中申请人可以陈述自己的意见。

---

① 誓章，记载誓词的文件。百度百科对“誓章”的解释。

2. 申请司法复核

凡申请司法复核的许可获得批准，申请人必须在准予许可命令作出后 14 日内，向拟在公开法庭进行聆讯的法官和作出准予许可命令的法官，采用附录 A 表格 86A 格式的原诉传票方式提出正式的司法复核申请。原诉传票上会列明第一次聆讯日期，原诉传票以及支持许可申请的陈述书必须至少在指定的聆讯日期前 10 日送达所有直接受影响的人。原诉传票送达后 7 日内，申请人应将载有已获送达原诉传票人的姓名、名称及地址以及送达地点和日期的誓章送交法院存档。答辩人如果拟在聆讯时使用誓章，须在收到原诉传票和陈述书后 56 天内向法院登记处提交誓章，就申请人所述案情事实作出反驳或解释，聆讯时依据的所有事实和理由都必须列在誓章里。

四　英美法系不存在行政“起诉难”之思考

笔者认为，英美法系的行政救济制度或司法审查制度具有下列特点，使得行政诉讼一般不存在“起诉难”的问题。

第一，英美法系实行行政救济双轨制。除了普通法院的司法审查之外，英美法系有非常完善的行政系统内部救济机制，比如，英国、美国、我国香港地区的行政裁判所制度，与司法审查相比，行政系统内部救济机制程序简便、费用低廉、裁判官更具行政经验，能更有效地解决行政纠纷。因此，行政相对人更青睐于选择行政系统内部救济机制，实践中，提起司法审查的行政案件数量极少。对于本就数量极少的行政案件，立法不会也没有必要在起诉环节对当事人进行限制，从而阻止当事人接近司法。

第二，在英美法系提起司法审查之前一般都会经过诉前程序。在英美法系，进行司法审查之前，要么先经过行政裁决程序，比如美国的“初审权”原则、“行政救济穷尽”原则，我国香港地区向普通法院上诉之前先经过行政申诉或行政裁决等，或者先经过诉前程序，比如英国的诉前议定书程序。这些诉前程序除了有消弭行政纠纷的作用外，对不合法之诉还有过滤作用，经过这些诉前程序，原告所提的司法审查之诉几乎都是合法的。因此，立法没有必要在起诉环节对诉的合法性问题进行审查。

第三，英美法系的司法审查程序遵循当事人进行主义。英美法系的司法审查被视为民事诉讼的特别程序，因此，司法审查也体现着民事诉讼的传统与特征。英美法系在观念上把诉讼看成当事人的私人事务，在诉讼程序上实行对抗制，将程序问题交给当事人自己处理，法官只是消极的裁判者，诉讼程序的进行实行当事人进行主义，即由当事人负责诉讼程序的运作。因此，对于诉的合法性问题由被告或其他利害关系人进行抗辩，法院不会主动去审查除了管辖权之外的内容。

因此，笔者认为，英美法系的行政诉讼制度不会也没有必要去限制行政相对人起诉。立法对起诉都只有书面方式及诉状内容的规定，几乎没有条件。即使有诉前程序和起诉期限的限制，但这些内容属于被告抗辩的事项，起诉时法院不会审查。英美法系实行登记立案制，只要行政相对人向法院提出了符合法律规定的书面诉状，书记员对诉状进行形式审查，认为记载的事项完备，即可立案，司法审查的程序就开始了。英美法系有些国家和地区在申请司法审查时虽有类似我国受理程序的许可程序，如英国司法审查中的诉讼许可程序，我国香港地区的司法复核申请许可程序，但在这些许可程序都在起诉立案之后，并且，在这些程序都赋予了当事人程序参与权，允许当事人发表意见，能够有效地保障当事人的起诉权。

第二节 大陆法系行政起诉制度

大陆法系行政起诉制度明显不同于英美法系行政起诉制度，其特点表现在：第一，在普通法院之外另设行政法院，专门受理行政诉讼案件，普通法院不能受理行政案件，除非法律另有规定。第二，大多数大陆法系国家和地区有独立的行政诉讼法典，大陆法系的行政诉讼以适用行政诉讼法规则为原则，适用普通法规则为例外。第三，大陆法系行政诉讼一般实行职权主义，原告起诉是否适法属于法院职权调查的事项。

一　法国行政起诉制度

现代行政诉讼制度源于法国。在法国，行政诉讼是指行政法院根据当事人的申请对行政活动的合法性进行审查的一种制度。法国设立了独立、完整的行政法院体系，专门受理行政相对人对行政机关起诉的案件。行政法院在解决行政争议时，不适用解决私人相互之间争议的民事诉讼规则，而是适用独立的行政诉讼规则。如《行政法庭和行政上诉法院法典》（1989 年）、《行政诉讼法典》（2000 年）。

在观念上，法国人认为裁决行政纠纷属于行政事务，他们将行政诉讼看成行政活动，而非司法活动，故行政诉讼理应由行政系统内部的行政法院受理。如果说英美法系的司法审查是民事诉讼的特别程序，法国的行政诉讼则被视为行政程序的特别程序。因此，我们应当在行政程序语境下来探讨法国的行政起诉制度。

（一）起诉的形式

在法国，行政诉讼是救济行政相对人合法权益的主要手段，当事人不服行政机关的决定，可以直接向行政法院起诉，无须经过行政系统内部救济程序。[①] 换言之，行政相对人享有当然的行政起诉权。法国的行政诉讼实行书面审理，[②] 行政相对人起诉必须采用书面形式。诉状必须载明各方当事人的姓名、住址等基本信息，陈述事实、理由

---

① 在法国，行政系统内部救济程序原则上是任意性的。1889 年的卡多案件的判决正式否定了部长法官制，当事人不服行政机关的决定，可以直接向行政法院起诉，无须经过部长的裁决。当事人不能直接向行政法院起诉的情况，以法律明文规定为限。参见薛刚凌主编《外国及港澳台行政诉讼制度》，北京大学出版社 2006 年版，第 108—109 页。

② 法国行政诉讼实行书面审理，原则上，当事人只能以书面的方式表达他们的诉讼请求、事实、理由，不论是起诉还是应诉。在法国，行政诉讼大多产生于行政活动，而行政活动一般都是通过书面的方式进行。行政法官通过行政活动的档案材料，双方当事人的诉状及答辩状基本可以查清案情，故口头辩论在行政诉讼中作用不大。书面审理与纠问制有着非常紧密的联系。在法国，行政诉讼程序除了起诉，完全由法官主导。一旦法官被要求开始了预审调查，那么就由他组织和领导预审工作，当事人将不再采取主动措施。法官负责查明事实，调查证据，不论对原告或被告有利或不利的证据都要调查，不受当事人提供材料的限制。预审结束后进入正式开庭审理。全部案件在预审阶段已澄清，公开审理往往只是一种形式，即使可以进行口头辩论，也以双方当事人起诉状和答辩状记载的内容为限。

和请求内容，必须要有本人或其代理律师的亲自签名，并附被诉行政决定。事实和理由的陈述，并不是诉状必须记载的内容，诉状中即使未阐述任何理由，在诉讼期限到期后，当事人还可通过陈述合理理由进行补充从而使之符合规范。诉状必须指明诉讼标的，即被诉的行政决定，包括行政不作为。① 被诉的行政决定必须与诉状一同提交。诉状记载事项若有欠缺，应在法院指定期限内补正，否则不予受理。诉状必须符合法定要求，如果诉状被判定违法，原告可能被处以罚款。

（二）起诉的程序

原告或其代理律师须在被诉行政行为作出后 2 个月内将诉状及其副本呈送至行政法院。② 可以亲自递交，也可以通过邮寄或电话传真的方式提交，还应依据税务一般法典的规定缴纳印花税。

在法国，法院书记处收到原告起诉状后进行登记，登记即意味着立案受理。登记后即进入预审程序。预审是正式开庭审理以前，由预审法官调查研究诉讼材料，查明案件的事实和法律问题，使案件处于可判决状态的诉讼程序。整个预审程序如下：首先，法院收到起诉状后指派专人负责承办预审的各项事务，如指定报告员与政府专员。报告员先对原告的起诉进行初步审查，审查法院是否有管辖权、被诉的行政行为是否存在、当事人与被诉行政决定是否有某种利害关系、起诉是否已过起诉期限等诉讼要件。若不具备上述诉讼要件，法院会裁

① 法国行政法学称之为行政决定先置规则，当事人的起诉受该规则的支配。没有行政决定，当事人不能提起行政诉讼。根据该规则，如果被诉的行政行为已有一个行政决定，当事人便可以直接起诉，如越权之诉。如果被诉行政行为尚未形成一个行政决定，当事人应先向行政机关申请作出一个行政决定，对该决定不服，才能起诉。行政决定先置规则实际上规定了行政诉讼必须以行政决定存在为前提的要求。如果当事人向行政机关申请行政决定被拒绝，则不受行政决定先置规则的支配。1900 年 7 月 17 日的法律规定，如果行政机关在当事人请求决定后 4 个月不做决定，可视为行政机关已作出了默示的拒绝决定，当事人可以直接向行政法院起诉。

② 法国行政诉讼实行纠问制，因此，并未实行律师强制代理。除了向最高行政法院提交的诉状必须由一名最高行政法院的律师签署外，向行政上诉法院与行政法庭提起的部分诉讼可以免除律师代理。

定不予受理，或移送有管辖权的法院受理。报告员此时还有权决定采取紧急审理程序，包括暂停执行的紧急审理程序。[①] 其次，受理诉讼后，组织双方当事人进行诉状交换。法国实行纠问制，诉状与答辩状均由行政法院负责送达。[②] 然后，报告员组织调查。报告员会对案件的事实情况和法律问题进行全面深入的调查，组织双方当事人进行证据交换、质证，对证据进行调查，不受当事人提供材料的限制。最后，调查结束后，预审员提出一个报告，内容包括案件事实、当事人的主张，法律观点和建议解决方案，提交预审会议讨论，政府专员参与提出意见，最后形成政府专员结论书。

（三）起诉的效力

在法国，当事人起诉不停止被诉行政行为的执行，这是原则，此被称为起诉的不可中止性。[③] 在法国，这条原则被严格地执行，但有下列两种情形之一的，法院可以暂停被诉行政行为的执行：（1）所诉行政决定的执行，可能导致不可弥补的后果；（2）根据当事人提供的理由，所诉行政决定很明显将被法院撤销。换言之，当事人起诉后，认为情况紧急，为保护自己的合法权益，有权申请行政法院实施暂停执行的紧急审理程序。法官在起诉或预审阶段享有暂缓执行被诉行政行为的权力和适用紧急审理程序的裁定权。原告起诉后有申请暂停被诉行政行为效力的机会。

---

① 薛刚凌主编：《外国及港澳台行政诉讼制度》，北京大学出版社 2006 年版，第 114—117 页。

② 预审小组将原告起诉状副本送达给被告行政机关，限期答辩。原告就被告的答辩状可再提出辩驳状。一般情况下，双方诉状的交换到此结束。如果为澄清事实和观点有必要时，双方可再交换一次答辩状和辩驳状。在原告提出请求或预审法官认为需要，双方当事人可到庭辩论。

③ 法国《行政诉讼法典》第 4 条规定：除了法律另有规定外，未经法院准许，行政决定不因诉讼而中止执行。起诉的不可中止性是行政权公定力之体现，为了实施行政权力，维护社会秩序，需推定行政行为合法。换言之，在行政诉讼中，起诉没有当然地暂停被诉行政行为执行的效果。

二　德国行政起诉制度

德国行政诉讼受法国行政诉讼制度的影响，也在普通法院之外，设置了专门受理行政案件的行政法院。德国行政法院是与普通法院并列的专门法院，德国的行政法院与普通法院、宪法法院等同属于司法系统。行政法院管辖有关公法但不涉及单纯宪法问题的案件，也不涉及由其他专门法院处理的社会法和财税法案件。

（一）“两段式结构”的诉讼审理模式

德国行政诉讼理论认为“如果诉适法且具备理由，诉就是成功的”。[①] 换言之，在德国，行政诉讼能否取得成功，关键在于原告所提之诉是否适法和诉是否有理由。

当事人提起行政诉讼的目的在于请求法院对行政争议进行实体判决，但并非对一切起诉的案件，法院均有作成实体判决的义务，原告之诉必须符合一定条件才有获得实体判决的可能，德国行政诉讼理论称此要件为“实质裁判条件”。[②]只有当原告之诉具备实质裁判条件之后，法院才会审查原告之诉是否有理由，从而再决定是否支持原告的诉讼请求。因此，德国的行政诉讼实际上围绕两个问题来进行审查，一是原告之诉是否具备实质裁判条件，即法院是否有必要对原告之诉作出实体判决；二是原告之诉是否有理由具备性，即法院对原告之诉应作出何判决。依此，德国行政诉讼审理包括两个阶段，第一阶段为实质裁判条件审查，第二阶段为理由具备性审查，这也构成了德国行

---

① ［德］弗里德赫尔穆·胡芬：《行政诉讼法》（第五版），莫光华译，法律出版社2003年版，第135页。

② 民诉学者通常称之为“诉讼要件”，极少使用“实体判决要件”或“实质裁判要件”的字样。我国既有的德国行政诉讼法的中文译著（［德］弗里德赫尔穆·胡芬：《行政诉讼法》（第五版），莫光华译，法律出版社2003年版；［德］哈特穆特·毛雷尔：《行政法学总论》，高家伟译，法律出版社2000年版）将之翻译为“实质裁判条件”，本书尊重既有译著对相关行政诉讼术语的译法。

政诉讼基本审理模式“两段式结构”。[①]

1. 实质裁判条件审查

（1）一般实质裁判要件

实质裁判条件审查中最重要的内容就是诉的适法性审查。在一般实质裁判条件审查中，首先要审查选择行政诉讼这一法律救济途径是否正确、受诉法院是否有管辖权，包括事务管辖权（即起诉的内容是否属于行政诉讼的受案范围）和级别管辖权。这两个条件是后续审查的前提条件。随后还应审查原告是否具有权利能力和诉讼能力、原告选择的诉讼类型是否正确、原告是否具有诉权、被诉行政行为是否处于其他法院的诉讼系属之中、原告起诉是否符合法律要求等。

（2）特别实质裁判要件

德国行政诉讼有诉讼类型制度，德国《行政法院法》对撤销之诉与义务之诉除了规定审查上述一般实质裁判条件，还要审查：

第一，原告起诉前是否竭尽行政救济，在德国提起撤销之诉与义务之诉，必须先经过行政复议。[②]

第二，起诉是否符合起诉期限的规定，如撤销之诉是否在复议决定送达后 1 个月内提起。义务之诉是否在行政机关拒绝作出行政行为后 1 个月内提起。[③] 如果行政机关未告知行政行为或告知不正确的，

---

① 严格来说，德国行政法院对行政诉讼进行审查应分为三个阶段：行政诉讼的开启并且诉至有管辖权的法院、诉的适法性、诉的理由具备性。但德国行政诉讼理论一般将前两者合并在一起审查，称为对实质裁判条件的审查，即法院审查是否有必要对原告之诉作出实质性裁判。参见［德］弗里德赫尔穆·胡芬：《行政诉讼法》（第五版），莫光华译，法律出版社 2003 年版，第 135—136 页。

② 德国《行政法院法》第 68 条（前置程序）1. 提起撤销之诉之前，须在一前置程序审查行政行为的合法性及合目的性。法律有明文规定的，或属下列情况，不需要该审查：（1）行政行为是由一个联邦最高行政机关作出，或一个州最高行政机关作出的，除非法律规定对此必须审查；（2）纠正性质的决定或复议决定首次包含了一负担。2. 对负义务之诉，准用第 1 款规定，如果请求采取行政行为已被拒绝。

③ 德国《行政法院法》第 74 条（起诉期限）1. 撤销之诉须于复议决定送达后 1 个月内提起。根据第 68 条不需要作出复议决定的，应在行政行为公布后 1 个月内提起诉讼。2. 曾申请作出行政行为被拒绝的，对负义务之诉准用第 1 款规定。

当事人应在送达、公开或公布后1年内提起行政诉讼。①

2. 理由具备性审查

相对于实质裁判条件与诉的适法性而言，诉的理由具备性审查往往不受重视。德国《行政法院法》几乎没有关于理由具备性的规定。与实质裁判条件审查不同，对于诉的理由具备性审查往往没有“一般性”理由具备性的问题，只能根据具体的诉讼类型来确定其理由具备性应该具备的条件。② 比如撤销之诉的理由具备性条件包括被告适格、行政行为违法、原告的权利因此受到侵害；义务之诉的理由具备性条件包括被告适格、行政行为的拒绝或不作为违法、原告权利因此受到损害、裁判时机成熟等。③

（二）起诉的形式

行政法院的第一审程序，以诉的提起作为开始。德国《行政法院法》规定诉讼须以书面方式向法院提起，也可以通过在法院办事处书记官面前作出记录的方式作出。④ 起诉状中必须列明原告、被告、诉讼标的、诉讼请求以及支持诉讼请求的事实和证据。诉讼请求必须明确，足以使法院和被告确定原告选择的诉讼类型及其请求的判决。起诉状记载的事实和证据，仅指使诉讼请求得以特定所需的最低限度的案件事实，至于原告支持其胜诉的案件事实以及攻击、防御方法等，

---

① 德国《行政法院法》第58条（法律手段告知）1. 仅在参与人以书面方式得知法律手段，诉诸法律手段的行政机关或法院，其住所及应遵守的期间时，针对法律救济或其他法律手段的期间才开始计算。2. 告知未作出或告知不正确的，仅在送达、公开或公布后1年内允许行使法律手段，但1年期间届满之前因不可抗力不能行使法律手段，或因书面告知说明不存在法律手段的除外。对不可抗力准用第60条第2款规定。

② 薛刚凌主编：《外国及港澳台行政诉讼制度》，北京大学出版社2006年版，第46—47页。

③ 邵建东主编：《德国司法制度》，厦门大学出版社2010年版，第367—373、377—378页。

④ 德国《行政法院法》第81条（诉讼的提起）1. 诉讼须以书面方式向法院提起。起诉也可以通过在法院办事处书记官面前作出记录的方式作出。2. 起诉状及其他书状应附具为其他参与人所准备的复印件。

是诉状的任意记载内容。[①] 德国行政诉讼实行强制代理制度，[②] 当事人向联邦行政法院起诉，必须通过一位律师或一位大学法学教授提出。原告提交起诉状时必须附具被诉行政决定及复议决定的原件或复印件，同时应附上给其他当事人的诉状副本。

（三）法院对起诉的审查

在德国，当事人提起行政诉讼，法院对诉状只进行形式审查，只要符合形式上的最低要求，一般都应受理。随着原告诉至法院，诉讼就开始受职权进行主义[③]的约束，法院将按照必要的步骤，推动诉讼程序前行，并为言词审理做准备。

法院受理原告起诉后，将组成合议庭，确定首席法官和报告法官，然后进入言词审理前的准备阶段。法院首先会对原告的诉状进行概括性审查。若发现原告诉状不符合要求，首席法官或其指定的法官不能直接驳回诉状，应该敦促原告在一定期限内对诉状的事实或证据

---

① 德国《行政法院法》第 82 条（起诉状的内容）1. 起诉状中必须列明原告人，被告及诉讼请求的标的。起诉的请求必须明确。同时，起诉状内必须指出其所依据的事实和证据，并且附具其所争执的处分及复议决定的原件或复印件。

② 德国《行政法院法》第 67 条（诉讼全权代理人）1. 提出申请的参与人，必须委托律师或德国高校老师在联邦行政法院及高等行政法院作为其全权代理人。这一规定也适用于提起法律审上诉及普通上诉，针对不允许提起普通上诉，以及本法第 99 条第 2 款规定的情况的普通上诉，法院组织法第 17a 条第 4 款第 4 句，适用于请求批准普通上诉以及请求批准普通上诉的抗告。公法法人及行政机关也可以委托担任高级职务的具有法官资格或法律大学本科学历的公务员或雇员作为其代理人。

③ 德国行政诉讼采职权主义。德国行政诉讼理论认为行政诉讼发生在国家与公民之间，表现为公权力对公民权利的干预。而国家的行政活动只有建立在全面客观的事实调查的基础上，才可能正确做出并体现公共利益。当行政活动被公民诉至行政法院时，司法权将审查行政权是否合法行使，首先就要查明行政活动是否存在调查瑕疵，因此法院将依职权穷尽所有必要的、可能还原的事实，同时尽可能消除行政机关的调查瑕疵。因此，在行政诉讼中，法院应借助其权威性，询问当事人、证人和鉴定人，收集一切必要的证据与事实，在确定证据范围和调查证据中起主导作用。必要时，法院还可以不依赖于当事人自己进行查证。

部分作出相应的补充。[①] 如果诉状符合《行政法院法》第 82 条第 1 款的要求，或者经补充后符合要求，首席法官安排将起诉状副本送达给被告，并同时告知被告，在指定的期限内必须做出书面答辩。[②] 此时的送达意味着对被告诉讼地位的承认。原告的起诉被法院受理后，被告可以向受案法院提出反诉。[③]

（四）起诉的效力

1. 程序法上的效力——产生诉讼系属

诉讼系属，是指某一法院就当事人之间的法律争议开始诉讼程序以进行审理的状态，使诉讼标的与管辖法院之间产生案件待决的关系。在德国，只要原告起诉具有有效性，即原告的诉状符合德国《行政法院法》第 81 条的规定，就能产生诉讼系属的法律效果，[④] 即使诉不具有适法性，也能产生诉讼系属。诉讼系属开始的时点，是原告诉状到达法院的时间，而非诉状副本送达至对方当事人的时间，即使该法院无管辖权，也不影响诉讼系属的产生。诉讼系属随着判决的既判力出现而结束。概言之，原告只需向法院提交符合德国《行政法院法》第 81 条的诉状，行政诉讼的诉讼系属即开始，至于受诉法院是否有管辖权、诉讼本身是否适法或者诉状本身是否真的合乎要求，并无影响。

诉讼系属的效力主要表现为两个方面，一是禁止重复起诉的效

---

① 德国《行政法院法》第 82 条 2. 起诉状不符合上述要求的，主审法官或由其指定的法官（编制报告法官）须要求原告人在一定期限内作出相应的补充。法官可以为原告人定出具有排除效力的补充期间，如果不符合第 1 款第 1 句的要件起诉即不予受理。准用第 60 条回复原状的规定。

② 德国《行政法院法》第 85 条（诉状的送达）主审法官负责命令将原告人的起诉状送达被告。送达同时应告知被告须以书面方式答辩。准用第 81 条第 1 款第 2 句。对此应定明期限。

③ 德国《行政法院法》第 89 条（反诉）1. 在起诉的法院，可提起反诉，只要反诉请求权与起诉主张的请求权有联系；或与针对该请求权而使用的防卫手段有联系。这一句并不适用于第 52 条第 1 项中反诉请求权属另一法院管辖的情况。2. 对确认无效之诉及负义务之诉，不允许提起反诉。反诉在德国行政诉讼中，并不常见。司法实践中，反诉主要应用于公法合同的一般给付之诉或原告要求确认某一法律关系存在的确认之诉。

④ 德国《行政法院法》第 90 条（诉讼系属）1. 通过诉讼的提起，使争议的案件发生诉讼系属。

力，即在诉讼系属持续期间，任何当事人不得就同一诉讼标的提起新的诉讼，直至诉讼系属随判决产生既判力而终结。二是法院管辖权恒定。法院的管辖权依原告起诉时的事实和法律状况来确定，案件一旦系属于法院后，即使确定管辖权的事实和法律状况此后发生了变化，法院的管辖权也不会改变。

2. 实体法上的效力——行政行为停止执行

在德国，如果申请行政复议或向行政法院提起了撤销之诉，被诉行政行为的效力中止。[①] 换言之，原告提起撤销诉讼原则上可以中止被诉行政行为的效力，达到暂时法律保护的效果。原告起诉后，行政行为的效力虽然存在，但中止执行，行政机关或第三人都不可使用它，同时也不得宣布其他消极后果。即使在例外的情况下，[②] 也可以允许当事人申请法院中止执行行政行为。[③]

三　中国台湾地区行政起诉制度

我国台湾地区行政诉讼制度仿德国式分离制的立法，在“司法院”之内，在普通法院之外另设行政法院，主管行政诉讼审判事务，有完整、独立的“行政诉讼法”[④] 作为行政审判的依据。台湾行政诉讼第一审程序始于当事人起诉，行政法院只有在当事人起诉后，才能

---

① 德国《行政法院法》第 80 条（中止执行的效果）1. 申请复议及撤销之诉具有中止执行的效力。本款也适用于创设性质行政行为、确认性质行政行为即具有双重效力的行政行为。

② 德国《行政法院法》第 80 条 2. 下列情况下，不存在中止效力：（1）公共税款及费用方面的命令；（2）涉及警察必须立即采取的命令和措施；（3）其他联邦法律有明文规定的情况；（4）基于公共利益或某一诉讼参与人重大利益的考虑，作出行政行为或复议机关还可发布即时执行的命令。

③ 德国《行政法院法》第 80 条 5. 根据申请，本案法院可在第 2 款第 1 项至第 3 项的情况下，全部或一部命令中止执行，在第 2 款第 4 项的情况下命令全部或一部重新中止执行。在提起确认无效之诉之前，以允许申请中止执行。行政行为在作出决定的时刻已执行的，法院可以命令撤销执行。重新中止执行时，可以要求提供担保或履行其他负担。对此也可设定期限。

④ 本书中台湾地区的“行政诉讼法”是 1932 年由南京国民政府制定的。国民政府迁至台湾后，该法经过几次修改，最近一次是 1998 年 10 月 2 日全文修改至 308 条，同年 10 月 28 日公布，2000 年 7 月 1 日修正条文开始实施。

启动行政诉讼程序。

（一）起诉的形式

台湾“行政诉讼法”规定了两种起诉形式。第一种是书面形式，在第一审通常诉讼程序中，起诉采“诉状强制主义”，要求必须以书面形式向行政法院提出。① 若不以诉状为之，依台湾行政法院四十五年裁字第二五号判例，为不合法定程序，如未补正，行政法院可以裁定驳回起诉。② 第二种是口头形式，在第一审简易诉讼程序中，起诉一般以口头形式，在行政法院书记官前以言词方式进行，行政法院书记官应作笔录，并在笔录上签名。③

1. 起诉状记载的事项

根据台湾“行政诉讼法”第105条之规定，起诉状应载明下列必要记载的事项与任意记载的事项。

（1）必要记载事项

依台湾“行政诉讼法”第105条第一项规定，起诉状应载明1）当事人，用以确定行政诉讼原、被告。④ 2）起诉声明，即诉讼请求，

① 台湾“行政诉讼法”第105条（起诉之程序）（第一项）起诉，应以诉状表明左列各款事项，提出于行政法院为之：（1）当事人。（2）起诉之声明。（3）诉讼标的及其原因事实。（第二项）诉状内宜记载适用程序上有关事项、证据方法及其他准备言词辩论之事项；其经诉愿程序者，并附具决定书。

② 林腾鹞：《行政诉讼法》（增订三版），三民书局2009年版，第346页。

③ 台湾“行政诉讼法”第231条（简易诉讼程序起诉及声明以言词为之）（第一项）起诉及其他期日外之声明或陈述，概得以言词为之。（第二项）以言词起诉者，应将笔录送达于他造。台湾“行政诉讼法”第60条（以笔录代书状）（第一项）于言词辩论外，关于诉讼所为之声明或陈述，除依本法应用书状者外，得于行政法院书记官前以言词为之。（第二项）前项情形，行政法院书记官应作笔录，并于笔录内签名。（第三项）前项笔录准用第五十七条及民事诉讼法第一百一十八条至第一百二十条之规定。

④ 台湾“行政诉讼法”第57条（当事人书状应记载事项）当事人书状，除别有规定外，应记载左列各款事项：（1）当事人姓名、性别、年龄、身份证明文件字号、职业及住所或居所；当事人为法人、机关或其他团体者，其名称及所在地、事务所或营业所。（2）有法定代理人、代表人或管理人者，其姓名、性别、年龄、身份证明文件字号、职业、住所或居所，及其与法人、机关或团体之关系。（3）有诉讼代理人者，其姓名、性别、年龄、身份证明文件字号、职业、住所或居所。（4）应为之声明。（5）事实上及法律上之陈述。（6）供证明或释明用之证据。（7）附属文件及其件数。（8）行政法院。（9）年、月、日。

是原告就诉讼标的，请求行政法院判决的内容及范围，用以确定原告所提的诉讼类型。原告起诉声明应有实质性内容，其应包含简要的诉讼原因、诉讼标的的明示以及要求行政法院为诉讼救济的意思表示。①
3）诉讼标的及其原因事实，台湾行政诉讼的诉讼标的是指行政法院审判的对象，即原告诉请行政法院为裁判其所主张或否认的权利义务关系，其用以向法院指明审判对象。原因事实，即为支持原告起诉声明事实与理由。上述事项为起诉状的必要记载事项。

若无上述必要记载事项，尤其无法经由诉状整体观察或解释确定有上述必要记载事项，则该起诉属于“行政诉讼法”第107条第一项第十款之“起诉不合程式或不备其他要件者”，行政法院应以裁定驳回该起诉。

（2）任意记载事项

1）有关适用程序的事项

在台湾，行政诉讼第一审程序分为通常诉讼程序和简易诉讼程序，若原告起诉的案件属于台湾“行政诉讼法”第229条规定的可适用简易程序的案件，② 在起诉状内可以记载适用简易程序的意思表示。

2）证据方法

台湾行政诉讼理论认为行政诉讼涉及公益，行政相对人不具有与

---

① 例如，撤销诉讼的起诉声明应为“请求撤销被告某机关某年某月某日所做的何行为（决定）”，课予义务诉讼的起诉声明应为“请求撤销被告某机关某年某月某日之拒绝（何申请）决定，并请求判令被告某机关（履行法定职责）”，一般给付诉讼起诉声明应为“请求判令被告某机关给付原告（何款项）”，确认诉讼的起诉声明应为“确认被告某机关某年某月某日作出的某行为（决定）违法（或无效）”。如果起诉状通篇都是对被告、法院或第三人的埋怨而无实质性起诉声明的，该诉视为不合法。林腾鹞：《行政诉讼法》（增订三版），三民书局2009年版，第349页。

② 台湾“行政诉讼法”第229条（适用简易程序之行政诉讼事件）（第一项）左列各款行政诉讼事件，适用本章所定之简易程序：（1）关于税捐课征事件涉讼，所核课之税额在新台币三万元以下者。（2）因不服行政机关所为新台币三万元以下罚锾处分而涉讼者。（3）其他关于公法上财产关系之诉讼，其标的之金额或价额在新台币三万元以下者。（4）因不服行政机关所为告诫、警告、记点、记次或其他相类之轻微处分而涉讼者。（5）依法律之规定应适用简易诉讼程序者。（第二项）前项所定数额，司法院得因情势需要，以命令减为新台币二万元或增至新台币二十万元。

被告行政机关对等的权利和能力，实践中，行政机关常常以行政行为涉及公务秘密，致使行政相对人难以取得证据材料，举证困难，使行政相对人在诉讼中处于不利地位。[①] 且基于依法行政原则，诉讼对案件事实的要求为实质真实。因此，台湾行政诉讼制度对事实证据的调查原则上采职权调查主义（或称“职权探知主义”），[②] 即法院对于涉及裁判的重要事实关系，要依职权调查确定，不受当事人声明或主张的拘束，当事人未提出的诉讼资料或证据，法院也可以依职权进行调查。因此，原告对事实的论据及证据方法的表示就居于次要地位，起诉状中原告即使没有记载其主张事实所依据的人证、书证、勘验或鉴定等证据方法，也不影响原告起诉。

3）其他准备言词辩论的事项

此即指台湾“行政诉讼法”第 132 条准用台湾“民事诉讼法”第 265 条规定的言词辩论准备事项，如原告所用的攻击或防御方法，以及对对方当事人的声明和攻击方法的陈述等事项。

4）附具诉愿决定书

在台湾，提起撤销诉讼与课予义务诉讼之前，必须经过诉愿程序，[③]

---

① 吴庚：《行政争讼法论》，三民书局 1999 年版，第 68 页。

② 参见台湾“行政诉讼法”第 125 条第一项“行政法院应依职权调查事实关系，不受当事人主张之拘束”。第 133 条“行政法院于撤销诉讼，应依职权调查证据；于其他诉讼，为维护公益者，亦同”。第 134 条“前条诉讼，当事人主张之事实，虽经他造自认，行政法院仍应调查其他必要之证据”的规定。由于行政法院在专业知识与财务上之缺乏，已无法在行政诉讼全面贯彻职权调查主义，因此，台湾地区行政诉讼程序原则上采职权调查主义，例外采辩论主义、当事人提出原则与当事人协力原则。参见林腾鹞《行政诉讼法》（增订三版），三民书局 2009 年版，第 336—337 页。翁岳生编：《行政法》，中国法制出版社 2002 年版，第 1401—1402 页。

③ 参见台湾“行政诉讼法”第 4 条第一项“人民因中央或地方机关之违法行政处分，认为损害其权利或法律上之利益，经依诉愿法提起诉愿而不服其决定，或提起诉愿逾三个月不为决定，或延长诉愿决定期间逾二个月不为决定者，得向高等行政法院提起撤销诉讼”。第 5 条“（第一项）人民因中央或地方机关对其依法申请之案件，于法令所定期间内应作为而不作为，认为其权利或法律上利益受损害者，经依诉愿程序后，得向高等行政法院提起请求该机关应为行政处分或应为特定内容之行政处分之诉讼。（第二项）人民因中央或地方机关对其依法申请之案件，予以驳回，认为其权利或法律上利益受违法损害者，经依诉愿程序后，得向高等行政法院提起请求该机关应为行政处分或应为特定内容之行政处分之诉讼”。

故原告在提起撤销诉讼与课予义务诉讼时，应附具诉愿决定书。

2. 起诉状的提交

起诉状通常是由当事人亲自或委托他人向法院收发单位递交，亦可以挂号邮件寄交法院收发单位。在台湾，如果行政相对人将诉状递交到无管辖权的行政法院，受诉状递交之行政法院不能以“无管辖权”为由拒绝受理，受诉状递交之行政法院应依台湾“行政诉讼法”第 107 条第一项第二款规定作出移送诉讼之裁定，并将案件移送至有管辖权的行政法院。

（二）对起诉的审查

行政法院在原告起诉时，只审查起诉状记载的内容是否符合程序规定，只要起诉状的必要记载事项完备，该起诉就能产生诉讼系属的法律效力。① 原告起诉状的内容应记载到何种程度才符合台湾“行政诉讼法”第 105 条的规定。② 台湾“行政诉讼法”并未采强制代理主义，当事人起诉时未必聘请律师，为保障当事人的起诉权，台湾主流观点认为在解释上不宜过于严格，只要当事人的诉状内容总体已经达到在一定程度上可以辨识诉之声明及诉讼标的与原因事实，该起诉即为合法。台湾司法实务部门认为如果起诉状记载的内容不足以确定诉讼类型，应认为起诉不合法。③ 至于判断原告起诉是否适法、法院是否有必要对原告之诉进行本案判决的诉讼要件（台湾也有学者称之为

① 吴庚：《行政争讼法论》，三民书局 1999 年版，第 85 页。

② 台湾学界对此问题有不同意见。诉状记载程度与诉讼标的理论有关，主要有“识别说”“理由记载说”和“事实记载说”。“识别说”，是指诉状记载内容达到仅须足以与其他法律关系区别的程度即可。“理由记载说”，是指诉状记载内容须包括足以支持原告权利主张为正常之必要事实。“事实记载说”，是指诉状记载内容须构成争执基础之事实关系。其中“识别说”与“理由记载说”均系旧诉讼标的理论下产物，“事实记载说”则为新诉讼标的理论下的产物，因其是以请求内容之同一性与事实关系之同一性二项标准划定诉讼标的范围，故要求记载构成争执基础的事实关系。“识别说”目前仍为台湾地区之通说。参见翁岳生编《行政法》，中国法制出版社 2002 年版，第 1383 页。

③ 翁岳生主编：《行政诉讼法逐条释义》，五南图书出版股份有限公司 2002 年版，第 369 页。林腾鹞：《行政诉讼法》（增订三版），三民书局 2009 年版，第 375—376 页。

“实体判决要件”、[①]“本案判决要件”[②]），则是诉讼系属发生后，法院依职权调查的对象。

（三）起诉的效力

在台湾，起诉在行政诉讼法及实体法上能发生如下效力：

1. 诉讼法上的效力

（1）诉讼系属产生

诉讼系属，是指某一法院就当事人之间的法律争议开始诉讼程序以进行审理的状态，使诉讼标的与管辖法院之间产生案件待决的关系。诉讼系属应以起诉为准，即应以诉状到达法院为时点，若以言词形式起诉的，则以书记官制作笔录完成时起算。[③]换言之，只要原告提交的起诉状符合台湾“行政诉讼法”第105条之规定，就能产生诉讼系属的效力。诉讼系属因起诉而发生，因终局判决的确定、撤诉、诉讼上和解、当事人一致同意的终结声明等原因而消灭。

（2）受诉行政法院管辖恒定

为维持诉讼程序的安定，避免行政法院管辖权因事后情势变更而受影响，免除相关当事人的额外负担以及促进诉讼的迅速处理，台湾“行政诉讼法”第17条规定，管辖以起诉时为准。故起诉时法院有管辖权的，即使诉讼系属中法令变更或发生其他事故，如被告住所、事务所或行政机关办公处所变更，行政法院管辖区域发生调整，均对行政法院的管辖权不产生影响。

（3）当事人恒定

诉讼系属中，如果诉讼标的涉及的标的物或权利义务移转至第三人，为便于行政诉讼程序上的处理，台湾“行政诉讼法”第110条第一项规定“诉讼系属中，为诉讼标的之法律关系虽移转于第三人，于诉讼无影响”。原来的当事人仍为正当当事人，并不因此丧失实施诉讼的权能，此即为当事人恒定。当事人恒定是诉讼法上的效力，至于

① 吴庚：《行政争讼法论》，三民书局1999年版，第83页。

② 翁岳生编：《行政法》，中国法制出版社2002年版，第1385页。

③ 吴庚：《行政争讼法论》，三民书局1999年版，第85页。

诉讼结果权利义务的归属，仍依实体法的规定。为避免诉讼法上的权能与实体法上的权利义务关系不一致，同条项后段设有但书“但第三人经两造同意，得代当事人承担诉讼”。[①]

（4）诉讼标的确定

原告起诉状中诉请裁判的诉讼标的随着诉状送达至对方当事人而确定，非经被告或法院同意，原告不得随意变更原诉或追加他诉。[②]

（5）禁止重复起诉

为防止滥诉，浪费社会资源，保护被告免予诉讼劳累，台湾“行政诉讼法”在第115条中规定准用台湾“民事诉讼法”第253条的规定，当事人不得就已起诉的案件，在诉讼系属中更行起诉。所谓更行起诉，包括向同一法院再行起诉，或向其他法院或民事法院起诉，且亦包含提起反诉、参加诉讼、追加诉讼或变更诉讼等方式。若更行起诉，行政法院依台湾“行政诉讼法”第107条第一项第七款规定，应以裁定驳回该起诉。

（6）被告有反诉的机会

诉讼系属后，言词辩论终结前，被告可以向本诉系属的行政法院提起反诉，撤销诉讼除外。[③]

2. 实体法上的效力

（1）公法上实体请求权时效中断

起诉在民事实体法上最明显的效果，就是时效中断。当事人提起行政诉讼，公法上实体请求权的时效能否中断，台湾学者多采肯定说。认为公法上财产请求权的时效，如法律无明文规定时，可类推适用民法之相关条文。[④] 是以公法上的实体请求权，因起诉而产生中断的效力。

---

① 吴庚：《行政争讼法论》，三民书局1999年版，第136—137页。.

② 台湾“行政诉讼法”第111条（第一项）诉状送达后，原告不得将原诉变更或追加他诉。但经被告同意，或行政法院认为适当者，不在此限。

③ 台湾“行政诉讼法”第112条（被告得提起反诉）（第一项）被告于言词辩论终结前，得在本诉系属之行政法院提起反诉。但反诉为撤销诉讼者，不得提起。

④ 吴庚：《行政争讼法论》，三民书局1999年版，第139页。

（2）行政处分效力的阻止或停止

原告起诉能否停止被诉行政处分[①]的执行，台湾“行政诉讼法”第116条规定原则上起诉不停止被诉行政处分的执行，停止执行属例外情况。[②] 是以，合法提起行政诉讼并非完全不能停止行政处分的效力。台湾大法官释字第353号解释也强调：“人民向行政法院请求停止原处分之执行，须已依法提起行政诉讼，在诉讼系属中始得为之。”[③] 因此，在台湾起诉后，有可能发生停止原行政处分或诉愿决定执行的效力。

（四）诉讼要件的审查

当事人依台湾“行政诉讼法”第105条提出诉状后，法院即开始对原告之起诉行使审判权，行政法院即应进行各项审理程序，首先进行诉讼要件之审查及决定，以决定是否有必要对原告之诉请作出本案判决。随后依次进行诉状送达与卷证之送交，言词辩论期日与就审期间之确定，言词辩论之进行，证据之调查等程序。

1. 诉讼要件

台湾行政诉讼要件可分为一般诉讼要件与特别诉讼要件。一般诉讼要件，是指各种行政诉讼类型均须符合的要件。特别诉讼要件，是指当事人的起诉必须符合不同行政诉讼类型如撤销诉讼、给付诉讼、确认诉讼等类型诉讼各自的特别要求。台湾“行政诉讼法”对行政诉讼要件进行了非常详尽的规定。

---

① “行政处分”乃台湾地区行政法上专业术语，其含义类似我国大陆地区行政法上的“行政行为”。

② 台湾“行政诉讼法”第116条（行政诉讼不停止执行之原则（一））（第一项）原处分或决定之执行，除法律另有规定外，不因提起行政诉讼而停止。（第二项）行政诉讼系属中，行政法院认为原处分或决定之执行，将发生难于回复之损害，且有急迫情事者，得依职权或依声请裁定停止执行。但于公益有重大影响，或原告之诉在法律上显无理由者，不得为之。（第三项）于行政诉讼起诉前，如原处分或决定之执行将发生难于回复之损害，且有急迫情事者，行政法院亦得依受处分人或诉愿人之声请，裁定停止执行。但于公益有重大影响者，不在此限。（第四项）行政法院为前二项裁定前，应先征询当事人之意见。如原处分或决定机关已依职权或依声请停止执行者，应为驳回声请之裁定。停止执行之裁定，得停止原处分或决定之效力、处分或决定之执行或程序之续行之全部或部分。

③ 转引自林腾鹞《行政诉讼法》（增订三版），三民书局2009年版，第358—359页。

（1）一般诉讼要件

根据台湾“行政诉讼法”第107条第一项[①]之规定，一般诉讼要件包括：1）台湾地区行政法院具有审判权；2）所诉事件[②]须属于行政审判权范围的事件；3）行政法院须有管辖权，包括事务管辖权与地域管辖权；4）当事人须具备当事人能力；5）当事人须具备诉讼能力，不具备诉讼能力的，应由法定代理人、代表人或管理人进行诉讼行为；6）由诉讼代理人起诉的，其代理权限无欠缺；7）同一事件无其他诉讼系属；8）非同一事件经终局判决后撤回起诉，复行起诉的；9）诉讼标的未经确定判决或和解之效力拘束的；10）起诉须符合法定程式及其他要件；11）须具备诉的利益。[③]

（2）特别诉讼要件

行政诉讼的特别诉讼要件由行政法院依各行政诉讼类型的特性加以审查，台湾“行政诉讼法”并未列举规定。

撤销诉讼的特别诉讼要件包括：1）须有行政处分存在；2）原告须主张行政处分违法并损害其权利或法律上利益；3）须经诉愿程序而未获救济；4）须于法定期间内提起，即撤销诉讼应于诉愿决定书送达后2个月内起诉。

课予义务诉讼的特别诉讼要件为：1）原告所申请的须为行政处分或特定内容之行政处分；2）须被诉行政机关在法定期间内应作为而不作为（怠为处分之诉）或被诉行政机关作出拒绝原告申请之意思表示（拒绝申请之诉）；3）须先经诉愿程序；4）原告须主张损害

① 台湾“行政诉讼法”第107条（诉讼要件之审查及补正）（第一项）原告之诉，有左列各款情形之一者，行政法院应以裁定驳回之。但其情形可以补正者，审判长应定期间先命补正：（1）诉讼事件不属行政法院之权限者。（2）诉讼事件不属受诉行政法院管辖而不能请求指定管辖，亦不能为移送诉讼之裁定者。（3）原告或被告无当事人能力者。（4）原告或被告未由合法之法定代理人、代表人或管理人为诉讼行为者。（5）由诉讼代理人起诉，而其代理权有欠缺者。（6）起诉逾越法定期限者。（7）当事人就已起诉之事件，于诉讼系属中更行起诉者。（8）本案经终局判决后撤回其诉，复提起同一之诉者。（9）诉讼标的为确定判决或和解之效力所及者。（10）起诉不合程序或不备其他要件者。

② 台湾“行政诉讼法”中的“事件”之意同我国大陆地区的“案件”。

③ 吴庚：《行政争讼法论》，三民书局1999年版，第84—87页。

其权利或法律上利益。

一般给付诉讼的特别诉讼要件为：1）给付是因公法上的原因发生；2）原告请求之给付仅限于财产上的给付或请求作成行政处分以外的其他非财产上的给付，且不属于可在撤销诉讼中并为请求的给付；3）原告应主张行政机关违反给付义务损害了原告的权利。

确认行政处分无效之诉的特别诉讼要件包括：1）确认的对象须为无效或违法的行政处分；2）须经行政程序，即须已向原处分机关请求确认无效未被允许，或经请求后在30日内未作答复；3）须有即受确认判决之法律上利益。

确认法律关系存否之诉的特别诉讼要件包括：1）确认对象须为公法上法律关系成立或不成立；2）须有即受确认判决之法律上利益；3）须已不得提起撤销诉讼。①

2. 对诉讼要件的审查

台湾行政诉讼审理也包括诉讼审理（对诉讼要件的审理）与本案审理（对原告诉讼请求是否有理由的审理）。但台湾行政诉讼程序上对这两项审理并没有严格的阶段划分，对于诉讼要件的审理，行政法院可以依职权在诉讼任何阶段进行。若发现原告起诉欠缺诉讼要件，法院会先为原告指定期限让其补正，未补正的，法院应以裁定驳回原告起诉。

诉讼要件审查、补正后，除可驳回原告之诉或移送其他法院外，接着要将诉状送达给被告，进入被告答辩程序。

四 中国澳门地区行政起诉制度

澳门行政诉讼制度是典型的大陆法系型行政诉讼制度，由行政法院②受理行政诉讼案件，有完整独立的行政诉讼法典作为行政诉讼的

① 吴庚：《行政争讼法论》，三民书局1999年版，第95—129页。

② 澳门的行政法院体制与法国、德国的行政法院体制不同，澳门没有独立、完整的行政法院体系，澳门行政法院的地位类似于普通法院系统中的专门法院。澳门行政法院只有一个，与初级法院一起作为澳门法院体系中的第一审法院，在中级法院与终审法院这一层级没有再单独设立行政法院。在澳门，若对行政法院的一审裁判不服，只能上诉到中级法院（普通法院）。

依据。

澳门行政诉讼主要包括司法上诉和诉两种诉讼类型。[①] 司法上诉,[②] 是澳门行政诉讼最传统也是最重要的一种类型，类似其他大陆法系国家或地区行政诉讼中的撤销诉讼。司法上诉是审理行政行为的合法性，其目的在于撤销违法的行为，或宣告其无效或法律上不存在。诉，是指公民向法院提起的寻求解决在合同或债[③]的基础上发生的与行政机关利益冲突的请求。与司法上诉重在审查行政行为是否合法不同，诉侧重于解决公民与行政机关之间的利益冲突。

《澳门特别行政区行政诉讼法典》（以下简称《澳门行政诉讼法典》）对司法上诉的程序予以了详尽而明确的规定，对于诉的程序，除了针对其公法争议之特殊性规定了某些例外或补充之外，均按照普通民事宣告程序进行。本书此处讨论的起诉程序是司法上诉的起诉程序。

（一）起诉的形式

《澳门行政诉讼法典》要求行政诉讼应通过向法院的办事处提交书面起诉状的方式提起。[④]《澳门行政诉讼法典》对起诉状的内容及其附件组成做了非常详细的规定。

---

① 澳门行政诉讼除了司法上诉和诉之外，还有规范提起之争讼与选举上司法争讼，不过这两种诉讼类型均适用司法上诉的程序，可被视为司法上诉的两种特殊形式。

② 在澳门法律中，“上诉”一词有三方面的含义，一是指行政上诉，即诉愿（类似我国大陆地区的行政复议）；二是指司法上诉，行政诉讼的主要诉讼类型，类似其他大陆法系国家行政诉讼的撤销诉讼；三是指对司法上诉裁判的上诉，即上诉审。本书此处所讨论的均为“司法上诉”。

③ 澳门行政诉讼的“诉”中的合同是指行政合同，债是指产生于公共管理行为所引起的损害赔偿，而非民事法律上的合同与债。

④《澳门行政诉讼法典》第41条（起诉状之提交）（1）提起司法上诉系透过将起诉状提交所致予之法院之办事处为之。（2）起诉状亦得以挂号信寄往其所致予之法院之办事处，而挂号信之日期视为提交起诉状之日。

1. 起诉状的内容

依《澳门行政诉讼法典》第42条的规定,[①] 起诉状应（1）指出管辖法院（起诉状中若未指出司法上诉管辖法院，法院对该起诉状不予接收)；(2）指出原告及对立利害关系人的身份及居所或住所等基本信息，并提出传唤有关利害关系人的声请；（3）指明被诉行政行为及被告的身份；（4）清楚阐明司法上诉依据的事实及法律理由；(5）清楚简要地作出结论，并准确指出其认为被违反的规定或原则；(6）提出诉讼请求；（7）指出待证事实；（8）声请采用的必需的证据方法，并指出与待证事实相对应的证据方法；（9）列明附件组成清单；(10）起诉状之签署人非为检察院时，指出有关签署人所在的事务所。

2. 起诉状的附件

提交起诉状的同时，还要提交下列材料作为起诉状的附件：(1）证明被诉行政行为存在的文件;[②]（2）证明所陈述事实属实的所有证据材料（但载于供调查之用之行政卷宗内之文件除外)；(3）若

---

① 《澳门行政诉讼法典》第42条（起诉状之要件）(一）起诉状须以分条缕述方式作成，且司法上诉人在起诉状中应：(1）指出司法上诉所致予之法院；(2）指出其本人及对立利害关系人之身份及居所或住所，并声请传唤该等利害关系人；(3）指明司法上诉所针对之行为及指出作出行为者之身份，如该行为系获授权或转授权而作出，则尚应指明之；(4）清楚阐明作为司法上诉依据之事实及法律理由；(5）以清楚简要之方式作出结论，并准确指出其认为被违反之规定或原则；（6）提出一个或多个请求；（7）指出拟证明之事实；(8）声请采用其认为必需之证据方法，并就所指出之事实逐一列明其所对应之证据方法；(9）指明必须或随个人意愿附于起诉状之文件；(10）起诉状之签署人非为检察院时，指出有关签署人之事务所，以便作出通知。(二）起诉状未有指出司法上诉所致予之法院时，均不予接收。(三）司法上诉人得指明导致撤销司法上诉所针对之行为之各依据间存有补充关系。

② 《澳门行政诉讼法典》第43条（起诉状之组成）(第二款）如司法上诉之标的为一默示驳回，起诉状应附具未有决定之申请之复本或影印本，该复本或影印本上须具有由接收该申请正本之行政机关所作成之收据；如无该具有收据之申请复本或影印本，则起诉状须附具证明已递交申请之任何文件。(第三款）如司法上诉之标的为一口头行为，则该行为应透过可从中推断出确有作出该行为之已陈述事实或已附具文件予以证明。(第四款）如司法上诉之标的为法律上不存在之行为，则只要存有证明表面上存在该行为及其损害性后果之文件，司法上诉人应附具之。

申请采用人证，须附具证人名单，并指出每一证人应陈述的事实；（4）授权委托书；（5）起诉状的法定副本。[①]

《澳门行政诉讼法典》对起诉状及其附件组成如此详尽的规定在世界各国和地区行政起诉制度立法例中实属罕见。该法对起诉状的内容及其附件组成有如下两项要求：其一，条理清晰。该法第42条要求起诉状应以“分条缕述”的方式载明上述内容；其二，内容清楚明确。同条要求起诉状应“指出”、“指明”或“清楚阐明”上述内容。不过总体上看还是属于形式上的要求。

笔者认为，《澳门行政诉讼法典》对起诉作如此详尽的规定，一方面，是为了方便当事人提起司法上诉。要求清楚明确，便于当事人操作。由于澳门行政诉讼实行强制代理制度，行政诉讼程序中私人必须委托律师代理其进行诉讼。[②] 司法上诉人提起上诉有律师代理，如此要求，也不算苛刻。另一方面，是为了方便法院审理。澳门除了行政法院外，中级法院和终审法院这两个普通法院也受理某些第一审行政案件，而且澳门法院的法官人数非常少。[③] 如此详尽的规定有利于提高审判效率。

3. 起诉状的提交

提起司法上诉须递交起诉状，起诉状可直接交至法院办事处，也可通过挂号信寄往法院的办事处。以挂号信方式递交的，以挂号信日期为提交起诉状日期。

（二）初端批示

法院办事处在接到起诉状及其附件之后，除了起诉状中未指出司

---

① 《澳门行政诉讼法典》第43条（起诉状之组成）（第一款）除特别法要求附同之文件外，起诉状亦必须附具下列文件：（1）证明司法上诉所针对之行为之文件；（2）旨在证明所陈述之事实属实之一切文件，但载于供调查之用之行政卷宗内之文件除外；（3）如声请采用人证，须附具证人名单，当中指出每一证人应陈述之事实；（4）在法院代理之授权书或等同文件；（5）法定复本。

② 《澳门行政诉讼法典》第4条（代理）（第一款）在行政上之司法争讼程序中，私人必须委托律师，但不影响有关在涉及律师本人、其配偶、直系血亲尊亲属或直系血亲卑亲属之案件中担任律师方面之法律规定，或依职权指定律师之法律规定之适用。

③ 澳门行政法院的法官只有2名，中级法院的法官有9名，终审法院的法官只有3名。

法上诉管辖法院，法院不予接收外，即使起诉状存在其他形式上的缺陷或不当，或者未指出对立利害关系人或指出当事人的身份方面有错误，均不影响法院接收司法上诉人的起诉状。起诉状缺陷或不当之处的补正，即使在被告或对立利害关系人答辩后，以及检察院进行初端检阅后，还可以进行。可见，澳门实行的是登记立案主义。法院办事处在接收起诉状及附件材料后，将起诉状制作成卷宗，待起诉人缴纳了预付金后，将卷宗送交法官或裁判书制作人，① 由其作出初端批示。

1. 对诉讼要件的审查

在初端批示程序中会对起诉状以及案件的诉讼要件进行详细审查。若起诉状不当或出现下列明显妨碍司法上诉继续进行的情况时，法官或裁判书制作人应初端驳回司法上诉，具体情形包括：（1）司法上诉人欠缺当事人能力或诉讼能力；（2）司法上诉没有诉讼标的；（3）对被诉行政行为不可提起司法上诉，如对可撤销的行为尚未经过必要的行政申诉程序，则不能提起司法上诉；（4）司法上诉人不具有正当性；（5）司法上诉人的联合属违法；（6）当事人不适格或遗漏了必要的利害关系人，即指出被告的身份有错误，或未指出对立利害关系人的身份，而该错误或遗漏属明显不可宥恕；（7）申诉之合并属违法；（8）未遵守司法上诉期间规定，即提出司法之诉之权利已失效等等。② 可见，初端驳回司法上诉的情形都是司法上诉欠缺诉讼要件。

2. 补正批示

如果起诉状或其附件有形式上的缺陷或不当之处，法院不应直接

① 通常是在独任制模式下，送交法官批求；在合议制模式下，送交裁判书制作人批示。

② 《澳门行政诉讼法典》第46条（初端驳回）（一）如起诉状属不当，则须初端驳回司法上诉。（二）如明显出现妨碍司法上诉继续进行之情况，尤其是下列者，亦须初端驳回司法上诉：（1）司法上诉人欠缺当事人能力或诉讼能力；（2）司法上诉并无标的；（3）不可就司法上诉所针对之行为提起司法上诉；（4）司法上诉人不具正当性；（5）司法上诉人之联合属违法；（6）在指出司法上诉所针对行为之作出者之身分方面有错误，或未有指出对立利害关系人之身份，而该错误或遗漏属明显不可宥恕者；（7）申诉之合并属违法；（8）提起司法上诉之权利已失效。

初端驳回司法上诉，应尽告知义务并给予司法上诉人补正的机会。即应通知司法上诉人在法官或裁判书制作人指定期间内进行弥补或改正。若司法上诉人弥补或改正了缺陷或不当之处，则司法上诉日期仍为递交首份起诉状的日期。若司法上诉人未弥补或改正批示所指的缺陷或不当之处，且就批示也未向评议会提出异议，又或批示经评议会确认后，法院应驳回其司法上诉。如司法上诉人在起诉状中曾提出采用人证的声请，却未提交证人名单或未指出证人证言之待证事实，经法院告知弥补有关遗漏后，仍不提交证人名单或不指出证人证言之待证事实，法院将禁止其采用人证。①

司法上诉人若因起诉状不当或指出被告与相关利害关系人身份错误或有遗漏，而被初端驳回司法上诉时，自驳回批示作出通知起五日内，可重新提交新的起诉状。②

（三）答辩与初端检阅

1. 被告答辩

若司法上诉人之司法上诉未被驳回，法院应传唤司法上诉针对之实体（被告），要求其在20日进行答辩。答辩是被告在司法上诉中的一项义务，若被告不作答辩或不提出争执，原则上视为被告自认司法

---

① 《澳门行政诉讼法典》第51条（补正批示）（一）如起诉状或其组成方面有形式上之缺陷或不当之处，须通知司法上诉人在法官或裁判书制作人所定之期间内弥补或改正之。（二）如司法上诉人弥补或改正缺陷或不当之处，则司法上诉视为于递交首份起诉状之日提起。（三）如曾声请采用人证之司法上诉人在获告知弥补有关遗漏后，仍不提交证人名单或不指出证人应作证言之事实，则禁止其采用人证。（四）未弥补或改正批示所指之缺陷或不当之处，且就批示未有向评议会提出异议时，又或批示经评议会确认时，须驳回司法上诉，但属上款所指之情况除外。

② 《澳门行政诉讼法典》第47条（因起诉状不当及指出身份方面有错误或遗漏而驳回）（一）因起诉状不当或出现上条第二款f项所指之情况，而初端驳回司法上诉时，自就驳回批示作出通知起五日期间内，司法上诉人得提交新起诉状，如对驳回批示提起上诉但并未胜诉，则自通知司法上诉人卷宗已交回司法上诉所针对之法院起五日期间内，司法上诉人得提交新起诉状。（二）在上述任一情况下，新司法上诉均视为于提交首份起诉状之日提起。

上诉人所陈述的事实。[①]

在答辩状中，被告应以分条缕述的方式提出与防御有关的全部事宜，指出待证事实，附具旨在证明陈述事实属实的一切文件，并在有需要时提交证人名单或声请采用的其他证据方法。被告必须将行政卷宗的正本以及一切与司法上诉有关的其他文件，连同答辩状一并移送至法院。

2. 对立利害关系人答辩

被告提交答辩状之后或被告答辩期届满，若有对立利害关系人，法院还应传唤对立利害关系人，要求其在 20 日进行答辩。其答辩之义务与要求同被告。

3. 检察院初端检阅

在被告与对立利害关系人都提交答辩状后，或答辩期限届满后，法院应将卷宗（包括司法上诉人的起诉状及组成附件、被告与对立利害关系人的答辩状及其组成附件）移送至检察院，由其在 8 日内进行初端检阅。检察院在检阅时，仍可指出起诉状须补正之处，并就影响司法上诉继续进行的问题，以及被告与对立利害关系人在答辩状中提出的问题发表意见。

（四）妨碍审理司法上诉问题之解决

妨碍审理司法上诉的问题主要是提起的司法上诉是否适法的问题。在澳门，司法上诉人提起的司法上诉是否适法，原则上由法官依职权进行调查。但被告与对立利害关系人在答辩状中，以及检察院在初端检阅意见中，均可以指出妨碍审理司法上诉的问题。

法官或裁判书制作人获送交卷宗后，可依职权或基于被告、对立利害关系人或检察院的陈述，应通知司法上诉人，令其在指定的期间内，弥补或补正起诉状的缺陷或不当之处。法官或裁判书制作人若依职权提出或被告、对立利害关系人或检察院的陈述中提出的妨碍司法

① 《澳门行政诉讼法典》第 54 条（不作答辩或不提出争执）不作答辩或不提出争执，视为自认司法上诉人所陈述之事实；但从所作之防御整体加以考虑，该等事实与所作防御明显对立者，又或该等事实系不可自认或与组成供调查之用之行政卷宗之文件相抵触者除外。

上诉的其他问题，法官或裁判书制作人应给予司法上诉人一个陈述申辩的机会，指定期日内听取司法上诉人的陈述。待命令并采取必要措施解决妨碍审理司法上诉的问题后，法官应于10日之内（就是否受理）作出裁判。

上述程序结束之后，就进入司法上诉实体问题审理程序。

五　大陆法系不存在行政“起诉难”之小结

大陆法系行政起诉制度具有如下特点，也使其行政诉讼一般不存在“起诉难”的问题。

第一，大陆法系行政起诉制度一般采登记立案制。从有关大陆法系国家和地区的立法例来看，没有规定“提起诉讼的条件”或“起诉条件”，只有行政起诉形式上的要求，一般都规定以书面形式提起诉讼，在台湾地区，也只有在简易程序中，可以言词方式起诉。立法对起诉状的规定，也只是要求起诉状在形式上具备当事人、诉讼请求、诉讼标的及事实理由等内容。司法实践中，对案件进行登记的是法院书记室或类似部门。严格的说，负责登记的法院工作人员不是法官，其不具有审判权，故不能对起诉状进行实质性审查，其只能审查起诉状是否具备法律要求记载的内容。在未实行强制代理制度的大陆法系国家和地区，如法国、我国台湾地区，对起诉状的审查采从宽原则，起诉状的某些内容即使欠缺或者记载不当，如当事人记载不当，欠缺支持诉讼请求的事实、理由与相关证据方法，遗漏有关利害关系人等，也不影响案件登记。在台湾地区，即使起诉状递交的法院无管辖权，也不影响案件登记。

可见，大陆法系行政起诉没有实质性限制条件，立法对当事人行使行政起诉权没有设置障碍，当事人只要提交了合法的起诉状并交纳了案件受理费，就能启动诉讼程序，形成诉讼系属。登记立案制使得当事人能够比较容易地“进入司法之门”。

第二，大陆法系行政案件诉讼系属始于原告向法院递交起诉状、法院登记立案。大陆法系行政诉讼一般实行职权主义，故起诉状送达至被告由法院进行，故在大陆法系，当事人只要提交了合法的起诉状和交纳了案件受理费，法院登记立案了，就能启动诉讼程序，形成诉讼系属。大陆法系对待诉的合法性问题，采取了与英美法系不同的理念。英美法系在观念上把诉讼看成是当事人的私人事务，是当事人之间的对抗，因此将程序问题交给当事人协商处理。关于诉的合法性问题，也由当事人提出抗辩，体现了当事人主义。而在大陆法系，对于诉讼要件，往往视为法官职权判断的事项，仅在个别情况下由当事人抗辩，体现了大陆法系行政诉讼的职权主义特征。

第三，大陆法系对行政起诉是否适法在案件诉讼系属后，由法院依职权进行调查。大陆法系行政诉讼理论将行政诉讼审理程序分为两阶段，即"两段式诉讼审理模式"。第一阶段为诉讼审理阶段，主要审理原告所提之诉是否合法，审查的标准为诉讼要件（其实称"实质裁判条件"或"实体判决条件"更合适）。诉讼要件，是法院进行本案审理作出本案实体判决的前提要件。大陆法系诉讼理论认为诉讼要件是当事人寻求公力救济时，法律秩序所要求的条件，故起诉的合法性（或称"有效性"、"适法性"）体现了公益性。因此，对诉讼要件的审查原则上是法院的职责，换言之，诉讼要件属于法院职权调查事项。如果法院认为原告之诉欠缺诉讼要件又不能补正的，系属中的诉便不合法。此时，法院应以"诉不合法"为由驳回原告的起诉。如果认为诉讼要件齐备，法院无需制作特别文书，便可继续进行本案审理。

第二阶段为本案审理阶段，法院审理原告提出的诉讼请求是否有理由，审理标准为权利保护要件（或称"本案要件"）。如果法院认为原告的请求满足权利保护要件，应作出支持原告诉讼请求的实体判决；反之，则应以"诉无理由"作出驳回原告诉讼请求的实体判决。

在大陆法系，对原告所提之诉是否适法、是否具备诉讼要件原则上属于法院职权调查的事项。法院欲对诉讼要件进行审查，必须等案件诉讼系属后，法院具有了审判义务，能对行政案件行使行政审判权时，才能进行。换言之，在案件诉讼系属于法院之前，法院无权对原告的起诉状进行诉讼要件方面的审查。

需要说明的是，在诉讼程序中两个阶段的审理并没有明显的界限。因为某些诉讼要件与案件的实体争议存在联系，如当事人是否适格、有无诉的利益往往是依据案件实体法律关系中的因素来判断。因此，诉讼审理与本案审理难以截然分开。德国、我国台湾和澳门地区虽然都要求在进行本案审理之前审查清楚诉讼要件，但也不排斥在本案审理阶段，发现欠缺诉讼要件，仍然可以“诉不合法”为由驳回原告的起诉。换言之，法院对诉讼要件的审查可以发生在诉讼的任何阶段，或者说，对诉讼要件的审查贯穿于整个审理过程。

第四，大陆法系行政诉讼的诉讼审理阶段，原告有权参与。在大陆法系行政诉讼的诉讼审理中，法院即使发现原告起诉状有欠缺或记载不当，或原告之诉欠缺诉讼要件，一般不会直接以“诉不合法”为由，驳回原告的起诉。法官会向原告履行告知义务，告知其起诉状存在的欠缺和不当之处，并给予当事人补正的机会，为其指定期间允许其补正。在某些大陆法系国家或地区，法官拟驳回原告起诉之前，还允许当事人到庭前发表意见。这种程序参与权能较好地保障当事人的起诉权。

第五，在大陆法系，行政起诉对行政行为的效力可能产生影响。在大陆法系提起行政诉讼，在程序上一般会产生诉讼系属、受诉行政法院管辖恒定、案件当事人恒定、诉讼标的确定、禁止当事人重复起诉等法律效力。在实体法上，大陆法系国家和地区实行起诉停止执行原则的，如德国，提起行政诉讼，行政行为的效力自动中止。实行起诉不停止执行原则的，如法国、我国台湾地区一般都有例外规定作为该原则的补充。正是这些例外规定，当事人在提起行政诉讼后具有申请暂时停止被诉行政行为效力的机会。笔者以为，这是当事人行使起诉权除了发动诉讼程序之外最希望获得的效果。

第四章

中国行政起诉制度之反思

我国行政诉讼制度既不同于英美法系，我国有完整、独立的行政诉讼法典作为行政审判的依据，审判机构也是普通法院中独立于民事案件审判机构的行政审判庭来进行审理；我国行政诉讼制度也不同于大陆法系，我国行政诉讼案件由普通法院管辖，行政审判庭虽然独立于民事审判庭，但其仍属于普通法院体系之内。但从司法传统来看，除了法院体制外，我国行政诉讼还是具有非常明显的大陆法系行政诉讼特征。同某些大陆法系国家和地区一样，我国《行政诉讼法》以及最高人民法院相关司法解释、司法文件对行政起诉制度进行了规定。

第一节　中国行政起诉制度的法律规定

《行政诉讼法》制定之初，立法者担心，如果采取登记立案制，可能导致当事人滥用起诉权，从而给行政机关带来负担，进而影响行政效率。因此，为了正确指导当事人行使起诉权，防止当事人滥用起诉权，《行政诉讼法》（1989 年）规定了提起诉讼的条件、方式，以及立案审查制度。换言之，2015 年 5 月 1 日之前，在我国，当事人的起诉并非一经提出就能被法院受理立案，只有符合法定条件的起诉才能获得法院的受理。而判断起诉是否应被受理，由法院按照法定条件对当事人的起诉进行审查来完成。

一　起诉条件的法律规定

我国行政诉讼起诉条件的规定散见于《行政诉讼法》（1989 年）第 41 条、[①]《最高人民法院关于执行〈中华人民共和国行政诉讼法〉若干问题的解释》（法释［2000］8 号）（以下简称《行诉若干解释》）第 44 条[②]以及《最高人民法院关于人民法院立案工作的暂行规定》（法发［1997］7 号）（以下简称《立案规定》）第 8 条[③]的规定。

从上述规定来看，行政相对人提起行政诉讼具备了《行政诉讼法》（1989 年）第 41 条规定的四项条件，法院不一定会受理其起诉，还必须同时避免存在《行诉若干解释》第 44 条规定的不予受理的情形。对上述规定进行归纳，行政诉讼的起诉应具备如下条件：（1）起诉人具有原告资格，即起诉人应为具体行政行为的相对人以及其他与具体行政行为有利害关系的公民、法人或者其他组织；（2）当事

① 《行政诉讼法》（1989 年）第 41 条 提起诉讼应当符合下列条件：（一）原告是认为具体行政行为侵犯其合法权益的公民、法人或者其他组织；（二）有明确的被告；（三）有具体的诉讼请求和事实根据；（四）属于人民法院受案范围和受诉人民法院管辖。

② 《行诉若干解释》第 44 条（第一款）有下列情形之一的，应当裁定不予受理；已经受理的，裁定驳回起诉：（一）请求事项不属于行政审判权限范围的；（二）起诉人无原告诉讼主体资格的；（三）起诉人错列被告且拒绝变更的；（四）法律规定必须由法定或者指定代理人、代表人为诉讼行为，未由法定或者指定代理人、代表人为诉讼行为的；（五）由诉讼代理人代为起诉，其代理不符合法定要求的；（六）起诉超过法定期限且无正当理由的；（七）法律、法规规定行政复议为提起诉讼必经程序而未申请复议的；（八）起诉人重复起诉的；（九）已撤回起诉，无正当理由再行起诉的；（十）诉讼标的为生效判决的效力所羁束的；（十一）起诉不具备其他法定要件的。（第二款）前款所列情形可以补正或者更正的，人民法院应当指定期间责令补正或者更正；在指定期间已经补正或者更正的，应当依法受理。

③ 《最高人民法院关于人民法院立案工作的暂行规定》第 8 条第一款 人民法院收到当事人的起诉，应当依照法律和司法解释规定的案件受理条件进行审查：（一）起诉人应当具备法律规定的主体资格；（二）应当有明确的被告；（三）有具体的诉讼请求和事实根据；（四）属于人民法院受理案件的范围和受诉人民法院管辖。《最高人民法院关于人民法院立案工作的暂行规定》第 8 条规定的案件受理条件与《行政诉讼法》（1989 年）第 41 条规定的条件除了个别表述不同外，基本一致。

人具有当事人能力及诉讼行为能力，不具备诉讼能力的，应由法定或指定代理人进行诉讼行为；由诉讼代理人起诉的，其代理权限应符合法律要求；(3) 有明确的被告，如果错列了被告，已按法院要求进行了变更；(4) 有具体的诉讼请求和事实根据；(5) 属于人民法院的受案范围；(6) 属于受诉人民法院的管辖范围；(7) 起诉未超过法定期限；(8) 法定复议前置型案件已经过行政复议程序；(9) 不属于重复起诉；(10) 不属于已撤回起诉，无正当理由再行起诉。

二 起诉方式的法律规定

《行政诉讼法》(1989 年) 与《行诉若干解释》都没有规定行政起诉应以何方式进行，也没有对行政起诉状的格式与内容作出规定。根据《行诉若干解释》第 97 条的规定，可以参照我国《民事诉讼法》(2012 年) 有关起诉方式的规定。《民事诉讼法》(2012 年) 第 120 条规定起诉以书面起诉为原则，以口头起诉为例外。[①]《民事诉讼法》(2012 年) 第 121 条[②]规定了起诉状应记载的内容，包括双方当事人的基本信息、诉讼请求、所根据的事实与理由以及证据方法等内容。

三 受理程序的法律规定

正是因为《行政诉讼法》(1989 年) 规定了提起诉讼的条件，相对应的也规定了"受理"制度。根据《行政诉讼法》(1989 年) 及相关司法解释与司法文件的规定，行政诉讼受理程序包括以下环节：

---

① 《民事诉讼法》(2012 年) 第 120 条 (第一款) 起诉应当向人民法院递交起诉状，并按照被告人数提出副本。(第二款) 书写起诉状确有困难的，可以口头起诉，由人民法院记入笔录，并告知对方当事人。

② 《民事诉讼法》(2012 年) 第 121 条 起诉状应当记明下列事项：(1) 原告的姓名、性别、年龄、民族、职业、工作单位、住所、联系方式，法人或者其他组织的名称、住所和法定代表人或者主要负责人的姓名、职务、联系方式；(2) 被告的姓名、性别、工作单位、住所等信息，法人或者其他组织的名称、住所等信息；(3) 诉讼请求和所根据的事实与理由；(4) 证据和证据来源，证人姓名和住所。

1. 接收登记

法院收到原告的起诉状后，应当当场在案件登记簿上进行登记，并向原告出具收据。收据应当注明原告所提交的证据名称、原件或复制件、收到日期、份数和页数，然后由负责审查起诉的审判人员和原告签名或者盖章。[①]

2. 立案审查

（1）立案审查的组织：按照《人民法院五年改革纲要》以及《立案规定》所确立的“立审分离”原则，[②] 行政案件的立案受理不再由行政审判庭负责，而由法院的立案机构负责。实践中，有的法院单独设立了立案庭，有的法院在告诉申诉审判庭内设立了立案室。依据《行诉若干解释》第 32 条第一款规定法院应当组成合议庭对原告的起诉进行审查，则应由立案机构组成合议庭对原告的起诉进行审查。实践中，由于行政诉讼案件专业性强，立案机构对是否受理涉及的法律问题，有时会咨询行政审判庭的意见。[③] 重大疑难案件还可能报院长审批或者经审判委员会讨论决定。[④]

（2）立案审查的标准：以《行政诉讼法》（1989 年）第 41 条和《行诉若干解释》第 44 条规定的提起诉讼的条件为标准。

（3）立案审查的结果：1）原告起诉符合起诉条件的，法院应当在 7 日内立案。2）原告起诉如果不符合起诉条件，法院应当在 7 日内裁定不予受理。在司法实践中，法院一般首先会口头告知原告不予受理，将起诉材料退还给原告。如果原告仍坚持起诉，才会作出不予受理的裁定。3）法院如果在 7 日内不能决定原告的起诉是否符合起诉条件，则应当先予受理；受理后再继续审查起诉是否符合起诉条

---

① 《最高人民法院关于人民法院立案工作的暂行规定》第 10 条。

② 《最高人民法院关于人民法院立案工作的暂行规定》第 5 条 人民法院实行立案与审判分开的原则。

③ 例如《福建省高级人民法院立案庭、行政审判庭关于行政诉讼案件立案受理若干问题的意见（试行）》（闽高法行［2005］11 号）第 2 条规定：“对不符合立案条件、立案庭拟裁定不予受理的案件，可征求行政审判庭的意见。”

④ 《最高人民法院关于人民法院立案工作的暂行规定》第 13 条。

件，若不符合，则应裁定驳回起诉。[①] 不予受理和驳回起诉的裁定书由负责审查起诉的审判人员制作，报庭长或者院长审批。[②]

（4）对立案审查结果的救济：1）原告对不予受理裁定不服的，可以在裁定书送达次日起 10 日内向上一级法院提起上诉。[③] 2）如果受诉法院在 7 日内既没有立案，又未作出不予受理的裁定，当事人可以向上一级人民法院申诉或者起诉。上一级人民法院认为符合受理条件的，应予受理；受理后可以移交或者指定下级人民法院审理，也可以自行审理。[④]

最高人民法院在《关于行政案件管辖若干问题的规定》（法释［2008］1 号）中进一步明确规定，当事人向有管辖权的基层法院起诉，受诉法院在 7 日内未立案也未作出裁定，当事人向中级法院起诉的，中级法院应当根据不同情况在 7 日内分别作出如下处理：要求有管辖权的基层法院依法处理、指定本辖区其他基层法院管辖或决定自己审理。[⑤]

3. 受理通知

法院决定立案后，立案机构编立案号，填写立案登记表，计算案件受理费。立案机构应当在决定立案后 2 日内将案件移送行政审判庭审理，并办理移交手续。[⑥] 经审查决定受理或立案登记的日期为立案日期。可见，我国行政诉讼程序开始的时间为立案之日，换言之，我国行政诉讼程序始于法院受理，而非当事人起诉。

通知书列明原告诉被告的案由，法院受理的时间，需要准备的事项等内容。法院同时书面通知原告预交案件受理费，包括案件受理费的数额、缴纳方式和缴纳期限。法院还应在立案之日起 5 日内，向被

---

① 《行诉若干解释》第 32 条。

② 《最高人民法院关于人民法院立案工作的暂行规定》第 12 条 不予受理和驳回起诉的裁定书由负责审查起诉的审判人员制作，报庭长或者院长审批。裁定书由负责审查起诉的审判员、书记员署名，加盖人民法院印章。

③ 《行政诉讼法》（1989 年）第 42 条。

④ 《行诉若干解释》第 32 条第三款。

⑤ 《最高人民法院关于行政案件管辖若干问题的规定》第 3 条。

⑥ 《最高人民法院关于人民法院立案工作的暂行规定》第 14、15 条。

告送达应诉通知书和起诉状副本。若有第三人，一并向第三人送达应诉通知书和起诉状副本。法院向当事人送达案件受理通知书或应诉通知书时，应当同时书面告知当事人诉讼权利和义务。如《最高人民法院关于行政诉讼证据若干问题的规定》第 8 条特别规定，应当告知当事人举证责任范围、举证期限和逾期提供证据的法律后果，同时告知因正当事由不能如期提供证据时应当提出延期提供证据的申请。

第二节　中国行政起诉制度法律规定之检讨

一　某些法律表述语意不明

第一，混淆了“诉权”与“起诉权”。

《行诉若干解释》第 41 条规定未告知行政相对人“诉权”或者起诉期限的，起诉期限从知道“诉权”或者起诉期限之日起计算。笔者认为，该规定用“起诉权”比“诉权”更合适。诉权是一项宪法性的基本权利，对应公民的诉权，国家（法院）负有不得非法拒绝审判的义务。因此，诉权的行使是没有限制的，只要行政相对人认为行政机关的行政行为侵犯了自己的权益，其就可以向法院请求司法救济。行政诉讼起诉期限的立法本意并非要限制行政相对人的诉权，而是要给行政相对人行使起诉权附加一个时间限制，以督促其行使起诉权从而更有效的保护其合法权益以及维系行政法律关系的稳定。条文如此表述，容易使人将“诉权”等同于“起诉权”。同理，最高人民法院 2009 年 11 月 9 日颁发的《关于依法保护行政诉讼当事人诉权的意见》，其中“诉权”实质上指的就是“起诉权”。

第二，“提起诉讼应符合的条件”语意不明。

《行政诉讼法》（1989 年）第 41 条的表述是“提起诉讼应符合的条件”，可以简称为“提起诉讼的条件”，该条并未使用“起诉条件”。“起诉条件”这一表述出现在《行诉若干解释》第 32 条，即法院对起诉进行审查，符合起诉条件的，予以立案，不符合起诉条件的，裁定不予受理。《行政诉讼法》（1989 年）第 41 条的“提起诉讼的条件”与《行诉若干解释》第32条的“起诉条件”是否是同一意思？

根据《行诉若干解释》第32条的规定，我国行政诉讼的起诉条件，是当事人起诉时应当具备的必要条件，是法院判断是否受理当事人起诉的标准。从《行诉若干解释》第44条列举的情形来看，我国行政诉讼的起诉条件除了包括《行政诉讼法》第41条规定的四项“提起诉讼的条件”之外，还包括其他要求。故“提起诉讼的条件”并不能完全等同“起诉条件”。换言之，当事人起诉符合“提起诉讼的条件”，也可能会被法院以不符合“起诉条件”为由不予受理。那“提起诉讼的条件”究竟欲表达何意？

第三，起诉期限规定中的“法律另有规定除外”语意不详。

根据《行政诉讼法》（1989年）第39条、[①] 第38条第二款[②]之规定可知，对具体行政行为不服直接向法院起诉的期限是3个月，从行政相对人知道作出具体行政行为之日起计算；对具体行政行为不服先申请行政复议的，对复议决定不服的，再向法院起诉的期限是15日，从行政相对人收到复议决定书之日开始计算；复议机关逾期未作决定的，行政相对人可以在复议期满之日起15日内向人民法院提起诉讼。上述两条规定都有“法律另有规定除外”的但书。单从字面上理解，只要其他单行法律规定的起诉期限与《行政诉讼法》（1989年）规定的起诉期限不一致，就应遵循单行法律的规定。

例如，《烟草专卖法》第44条[③]规定的对烟草专卖行政主管部门和工商行政管理部门作出的行政处罚决定不服的直接向法院起诉期限

---

① 《行政诉讼法》（1989年）第39条公民、法人或者其他组织直接向人民法院提起诉讼的，应当在知道作出具体行政行为之日起3个月内提出。法律另有规定的除外。

② 《行政诉讼法》（1989年）第38条第二款申请人不服复议决定的，可以在收到复议决定书之日起15日内向人民法院提起诉讼。复议机关逾期不作决定的，申请人可以在复议期满之日起15日内向人民法院提起诉讼。法律、法规另有规定的除外。

③ 《烟草专卖法》（1991年）第44条当事人对烟草专卖行政主管部门和工商行政管理部门作出的行政处罚决定不服的，可以在接到处罚通知之日起十五日内向作出处罚决定的机关的上一级机关申请复议；当事人也可以在接到处罚通知之日起十五日内直接向人民法院起诉。

为15日。如果某行政相对人对烟草专卖行政主管部门的行政处罚不服，在接到处罚决定书之日起第20日向法院起诉，法院根据《烟草专卖法》（1991年）第44条之规定，认定其起诉超过起诉期限，裁定不予受理。该行政相对人还可以依据《行政复议法》第9条①的规定向复议机关提起行政复议吗？② 从理论上讲，行政复议与行政诉讼都是解决行政纠纷、救济行政相对人权益、监督行政的制度，两者相互独立，各自具有不同的制度功能，不能互相替代。因此，行政相对人因超过起诉期限丧失了行政起诉权，只要在行政复议申请期限内，其仍应具有复议申请权。实践中，选择诉讼的，无论是超期被驳回，还是撤诉的，只要未超过复议申请期限的，均允许再申请行政复议。③那就会产生一个问题，复议机关受理了相对人的复议申请，如果相对人对复议机关的复议决定或复议机关未在法定期限内作出复议决定，行政相对人能否再依据《行政诉讼法》（1989年）第38条第三款的规定提起行政诉讼。如果可以，经过这样一个迂回，此案还是提起了行政诉讼，而对象并未发生真正改变。从权利救济角度看，这似乎无可厚非，却扰乱了行政复议与行政诉讼的关系，存在有违司法最终原则之嫌。

其实，《行政诉讼法》（1989年）规定起诉期限，虽然是对行政

---

① 《行政复议法》（1999年）第9条公民、法人或者其他组织认为具体行政行为侵犯其合法权益的，可以自知道该具体行政行为之日起六十日内提出行政复议申请；但是法律规定的申请期限超过六十日的除外。因不可抗力或者其他正当理由耽误法定申请期限的，申请期限自障碍消除之日起继续计算。《烟草专卖法》（1991年）第44条规定的行政复议申请期限为15日，但《行政复议法》第9条明确规定了只有法律规定的申请期限超过60日的才能除外。因此，根据新法优于旧法的原则，对有关烟草专卖的行政处罚不服申请行政复议的期限可以适用《行政复议法》第9条的规定。

② 此时，申请行政复议应遵循《行政复议法》（1999年）第9条规定的60日复议申请期限，而非《烟草专卖法》（1991年）第44条规定的15日复议申请期限。因为，《行政复议法》第9条明确规定了只有法律规定的申请期限超过60日的才能除外。根据新法优于旧法的原则，《烟草专卖法》第44条规定的15日行政复议申请期限无效。对有关烟草专卖的行政处罚不服申请行政复议的期限应当适用《行政复议法》第9条的规定。

③ 当然，这种情况是否有违司法最终原则还需讨论，毕竟法院并未对行政争议作出实质性裁判。

相对人行使起诉权附加的一个时间限制，但这种时间限制不是为了限制行政相对人行使起诉权，而是为了督促行政相对人行使起诉权从而更有效的保护其合法权益。立法本意是只有当单行法律另外规定的起诉期限长于3个月（经复议的案件长于15日），才遵循单行法律的起诉期限的规定；若单行法律另外规定的起诉期限短于3个月（经复议的案件短于15日）的，应以3个月（经复议的案件为15日）为准。按此理解，《烟草专卖法》第44条规定的15日直接向法院起诉的期限和《森林法》第17条第三款①规定的1个月直接起诉期限都是无效的，应以《行政诉讼法》规定的3个月为准；而《专利法》第41条第二款②规定的对专利复审委员会的复审决定不服的3个月的起诉期限是有效的。笔者建议《行政诉讼法》（1989年）第39条、第38条第二款修改时，可以借鉴《行政复议法》第9条“但是法律规定的申请期限超过六十日的除外”的立法表述，修改为“但是法律规定的起诉期限超过三个月（经复议的起诉期限超过十五日）的除外”，以免在实践中产生分歧。这样，才符合《行政诉讼法》的立法宗旨，也能切实保障行政相对人的起诉权。遗憾的是，《行政诉讼法》（2014年）虽然将直接起诉的3个月的起诉期限延长为6个月，可仍然保留了“法律另有规定的除外”的表述。当然这个问题经过最高人民法院的案例指导，实践中几乎不存在歧义，从法律严谨的角度来说，法条表述为“但是法律规定的起诉期限超过六个月（经复议的起诉期限超过十五日）的除外”更为严谨。

二 行政起诉条件“高阶化”

1. 我国行政起诉条件内容上存在的问题

（1）《行诉若干解释》第44条第一款实际上使得《行政诉讼法》（1989年）第41条的规定失去了意义。

---

① 《森林法》（1998年）第17条第三款当事人对人民政府的处理决定不服的，可以在接到通知之日起一个月内，向人民法院起诉。

② 《专利法》（2008年）第41条第二款专利申请人对专利复审委员会的复审决定不服的，可以自收到通知之日起三个月内向人民法院起诉。

如前所述，《行政诉讼法》（1989 年）第 41 条规定的“提起诉讼的条件”并不等同于《行诉若干解释》第 32 条所指的“起诉条件”。《行诉若干解释》第 32 条所指的“起诉条件”除了包括《行政诉讼法》（1989 年）第 41 条规定的“提起诉讼的条件”以外，还包括《行诉若干解释》第 44 条第一款规定的不予受理的情形。该条款虽是对不予受理情形的规定，但也是间接对起诉条件的规定。

从《行诉若干解释》第 44 条“（第一款）有下列情形之一的，应当裁定不予受理；已经受理的，裁定驳回起诉”、“（第二款）前款所列情形可以补正或者更正的，人民法院应当指定期间责令补正或者更正；在指定期间已经补正或者更正的，应当依法受理”的规定来看，法院对原告起诉进行立案审查、决定是否受理的标准，实际上是《行诉若干解释》第 44 条第一款规定的起诉条件。

仔细比较一下《行政诉讼法》（1989 年）第 41 条与《行诉若干解释》第 44 条第一款的规定。《行政诉讼法》（1989 年）第 41 条对当事人提起诉讼只规定了四项条件，《行诉若干解释》第 44 条第一款除第十一项属于兜底条款之外，共列举了十项不予受理或驳回起诉的情形，其中第一项“请求事项不属于行政审判权限范围的”是对《行政诉讼法》（1989 年）第 41 条第四项“属于人民法院受案范围”的重申，第二项“起诉人无原告诉讼主体资格的”是对《行政诉讼法》（1989 年）第 41 条第一项“原告是认为具体行政行为侵犯其合法权益的公民、法人或者其他组织”的重申。除此之外，其余八项内容均没有出现在《行政诉讼法》（1989 年）第 41 条的规定之中。

退一步来说，《行诉若干解释》第 44 条第一款第六项“起诉超过法定期限且无正当理由”是对违反《行政诉讼法》（1989 年）第 38 条第二款、第 39 条起诉期限规定的法律后果的规定，第七项“法律、法规规定行政复议为提起诉讼必经程序而未申请复议的”是对违反《行政诉讼法》（1989 年）第 37 条第二款法定复议前置型案件未经复议之法律后果的规定，除此之外，《行诉若干解释》第 44 条第一款第三项“起诉人错列被告且拒绝变更的”、第四项“法律规定必须由法定或者指定代理人、代表人为诉讼行为，未由法定或者指定代理人、代表人为诉讼行为的”、第五项“由诉讼代理人代为起诉，其代理不符合法定要求的”、第八项“起诉人重复起诉的”、第九项“已撤回起诉，无正当理由再行起诉的”、第十项“诉讼标的为生效判决的效力所羁束的”这六项内容在《行政诉讼法》（1989 年）中连影子都找不到。

可见，《行诉若干解释》第 44 条第一款规定的受理条件已经远远超出了《行政诉讼法》（1989 年）第 41 条规定的“提起诉讼应当符合的条件”的范围。《行诉若干解释》作为司法解释，超出《行政诉讼法》（1989 年）的规定，额外增加当事人的起诉条件、抬高当事人起诉的门槛，显然是不合适的。

司法实践中，法官审查当事人起诉的标准是《行诉若干解释》第 44 条第一款规定的起诉条件。换言之，当事人起诉如果具备了《行政诉讼法》（1989 年）第 41 条规定第四项“提起诉讼应当符合的条件”，也可能被法院依据《行诉若干解释》第 44 条第一款的规定而不予受理。如此，《行政诉讼法》（1989 年）第 41 条的规定还有何意义。

（2）我国行政诉讼起诉条件包括诉讼成立要件、诉讼要件还有部分权利保护要件。

我国行政诉讼制度具有明显的大陆法系行政诉讼制度的特征，对比大陆法系行政起诉制度的立法例，笔者发现，我国行政诉讼的起诉条件包括大陆法系行政诉讼的诉讼成立要件、诉讼要件以及部分权利保护要件。

第一，我国行政诉讼的起诉条件，包含域外行政诉讼制度的起诉形式要求。如《行政诉讼法》（1989 年）第 41 条第二项“有明确的被告”、第三项“有具体的诉讼请求和事实根据”。

第二，我国行政诉讼的起诉条件，包含大陆法系行政诉讼制度中的诉讼要件。

“诉讼要件”是大陆法系民事诉讼理论上的概念，最早由德国学者彪罗在其著作《诉讼抗辩与诉讼要件》（1868 年）中提出。在现代，大陆法系德国、日本、奥地利和我国台湾地区的民事诉讼法对诉讼要件均有具体规定。诉讼要件并非诉讼开始的条件，而是法院对案件实体权利义务争议能够继续进行审理并作出实体判决的要件，故又称“实体判决要件”。[①] 其法律效果在于，如果欠缺诉讼要件，就不能够对原告的诉讼请求或案件实体争议作出实体判决。[②] 诉讼要件是法院审查诉的合法性的标准，故诉讼要件又可成为诉讼的合法要件。秉承大陆法系的传统，大陆法系德国、日本、我国台湾和澳门地区的行政诉讼立法也对诉讼要件进行了规定。

大陆法系行政诉讼几乎都有诉讼类型制度，故大陆法系行政诉讼的诉讼要件包括一般诉讼要件和特别诉讼要件，前者指行政诉讼所有类型的案件都必须具备的合法要件，后者是行政诉讼各类型的案件如撤销诉讼、课予义务诉讼、一般给付诉讼以及确认诉讼等各自应具备的要件。

大陆法系行政诉讼一般诉讼要件包括：

有关法院的诉讼要件：包括（1）法院具有审判权；（2）被诉行政行为属于行政审判权的范围，即属于行政诉讼的受案范围；（3）法院具有管辖权。

有关当事人的诉讼要件：包括（1）当事人应具备当事人能力；（2）当事人应具备诉讼能力，不具有诉讼能力的，应由法定代理人、代表人或管理人代为诉讼行为；（3）由诉讼代理人起诉的，代理权限应符合法定要求。

有关诉讼标的的诉讼要件：（1）同一案件没有其他诉讼系属，不仅包括不得由其他行政法院诉讼系属，也包括不得由民事法院诉讼系属，也不得进行行政复议（诉愿）；（2）诉讼标的未经确定判决和和解的效力所及；（3）应具有诉的利益。

大陆法系行政诉讼各种类型诉讼的特别诉讼要件。

撤销诉讼的特别诉讼要件：（1）被诉行政行为存在；（2）原告

---

① ［日］兼子一、竹下守夫：《民事诉讼法》，白绿铉译，法律出版社 1995 年版，第 49 页。

② 张卫平：《起诉条件与实体判决要件》，《法学研究》2004 年第 6 期。

须主张行政行为违法并损害其权利或法律上的利益；（3）须先经行政复议（诉愿）程序而未获救济；（4）遵守法定的起诉期间。

课予义务诉讼的特别诉讼要件：（1）原告申请的内容是要求被告行政机关为特定内容的行政行为；（2）被告行政机关在法定期间内应作为而未作为；（3）须先经行政复议（诉愿）程序；（4）原告应主张其权利或法律上的利益受损害。

一般给付诉讼的特别诉讼要件：（1）原告所申请之给付属于公法上发生的给付；（2）该给付仅限于财产上给付或请求作成行政行为以外的其他非财产上的给付；（3）须主张给付义务之违反损害了原告的权利；（4）应不属于可在撤销诉讼中一并为之请求的给付。

确认（违法或无效）诉讼的特别诉讼要件：（1）确认的对象应为行政行为违法或无效；（2）确认行政行为无效须先经行政程序。①

比较一下我国行政诉讼的起诉条件与大陆法系行政诉讼的诉讼要件，两者有许多方面是相同的。首先，在法院方面，《行政诉讼法》（1989年）第41条第四项同样强调被诉行政行为应当属于法院行政审判权的范围，即属于行政诉讼的受案范围。在法院内部分工方面，同样强调属于受诉法院的管辖范围。其次，在当事人方面，我国《行政诉讼法》（1989年）第41条第一项和《行诉若干解释》第44条第一款第二项都是对原告的当事人能力和当事人适格的规定，也强调原告应当具有当事人能力和原告认为具体行政行为侵犯其合法权益，或与具体行政行为有法律上的利害关系的正当当事人。《行政诉讼法》（2014年）第25条将原告的起诉资格修改为“行政行为的相对人以及其他与行政行为有利害关系的公民、法人或者其他组织”。《行政

① ［德］弗里德赫尔穆·胡芬：《行政诉讼法》（第五版），莫光华译，法律出版社2003年版，第135—391页。邵建东主编：《德国司法制度》，厦门大学出版社2010年版，第359—385页。吴庚：《行政争讼法论》，三民书局1999年版，第84—133页。林腾鹞：《行政诉讼法》（增订三版），三民书局2009年版，第63—67、75—101、112—124、131—152、167—174页。翁岳生编：《行政法》，中国法制出版社2002年版，第1387—1398页。江利红：《日本行政诉讼法》，知识产权出版社2008年版，第204—300页。薛刚凌主编：《外国及港澳台行政诉讼制度》，北京大学出版社2006年版，第46—50页。

诉讼法》（1989年）第41条第二项虽然对被告的要求只须明确即可，可依《行诉若干解释》第44条第一款第三项如果“起诉人错列被告且拒绝变更的”，法院将不予受理的规定来看，同样强调被告适格。《行诉若干解释》第44条第一款第四、五项是关于当事人诉讼能力以及代理权限的规定。最后，在诉讼标的方面，《行诉若干解释》第44条第一款有起诉应遵守法定期限、法定复议前置型案件已经过行政复议程序、不得重复起诉、诉讼标的没有被生效判决的效力所羁束等要求。另外，从条文对比来看，《行诉若干解释》第44条第一款的规定与台湾地区“行政诉讼法”第107条第一项①对“诉讼要件”的规定极其相似。可见，我国行政诉讼的起诉条件基本包含大陆法系行政诉讼诉讼要件的主要部分。

第三，我国行政诉讼起诉条件，还包含大陆法系行政诉讼制度的部分权利保护要件。

无论是大陆法系还是英美法系，证据方法以及待证事实均属于行政起诉状的任意记载事项，当事人未记载或记载不当都不会影响当事人起诉，在大陆法系，都不会影响案件诉讼系属。可是，在我国，依据《最高人民法院关于人民法院立案工作的暂行规定》第9条②的规定，当事人起诉时提交证明其诉讼请求的主要证据是起诉状附件的必要组成内容。若欠缺证明其诉讼请求的主要证据，法院应当通知当事人补充证据。当事人如果不补交，法院就不接收当事人的起诉状，若

① 台湾“行政诉讼法”第107条（诉讼要件之审查及补正）（第一项）原告之诉，有左列各款情形之一者，行政法院应以裁定驳回之。但其情形可以补正者，审判长应定期间先命补正：（一）诉讼事件不属行政法院之权限者。（二）诉讼事件不属受诉行政法院管辖而不能请求指定管辖，亦不能为移送诉讼之裁定者。（三）原告或被告无当事人能力者。（四）原告或被告未由合法之法定代理人、代表人或管理人为诉讼行为者。（五）由诉讼代理人起诉，而其代理权有欠缺者。（六）起诉逾越法定期限者。（七）当事人就已起诉之事件，于诉讼系属中更行起诉者。（八）本案经终局判决后撤回其诉，复提起同一之诉者。（九）诉讼标的为确定判决或和解之效力所及者。（十）起诉不合程序或不备其他要件者。

② 《最高人民法院关于人民法院立案工作的暂行规定》第9条人民法院审查立案中，发现原告或者自诉人证明其诉讼请求的主要证据不具备的，应当及时通知其补充证据。收到诉状的时间，从当事人补交有关证据材料之日起开始计算。

已接收，法院也会退回。在域外，证明诉讼请求的主要证据是法院对原告诉讼请求作出实体判决的依据，在大陆法系行政诉讼制度中属于权利保护要件。在我国，竟然要求当事人在起诉时提交，否则，就不接收当事人的诉状。这样的要求无疑给当事人行使起诉权形成了极大的障碍。此后，最高人民法院也意识到这个问题，《最高人民法院关于依法保护行政诉讼当事人诉权的意见》（法发［2009］54 号）中强调，“要正确处理诉权和胜诉权的关系，不能以当事人的诉讼请求明显不成立而限制或者剥夺当事人的诉讼权利”。

第四，某些单行法律为某些案件行政起诉权的行使另外附加了条件。

我国某些单行法律还为某些行政案件的起诉附加了额外的条件，从而限制行政相对人起诉权的行使。例如，我国《税收征管法》第 88 条第一款规定，① 与征税有关的纳税争议，不仅行政复议是行政诉讼的前置程序，申请行政复议本身也要满足一定的条件。如果纳税人、扣缴义务人或纳税担保人不能足额缴纳税款，或者提供足额的担保，其不能申请行政复议。未申请行政复议，自然就不能提起行政诉讼。法律之所以如此强硬地要求当事人只有在缴纳税款及滞纳金后才能申请复议，无非是考虑税款能及时入库。但如果当事人无法缴纳税款和滞纳金，其申请行政救济与司法救济的权利就完全被剥夺。② 该款规定实际上剥夺了与征税有关的纳税争议案件当事人的申请复议权

① 《税收征管法》第 88 条（第一款）纳税人、扣缴义务人、纳税担保人同税务机关在纳税上发生争议时，必须先依照税务机关的纳税决定缴纳或者解缴税款及滞纳金或者提供相应的担保，然后可以依法申请行政复议；对行政复议决定不服的，可以依法向人民法院起诉。

② 审判实践中出现过一个案例，当事人因交不起巨额税款和滞纳金丧失了申请复议的权利，倘若当事人缴纳了这笔税款和滞纳金，该当事人将面临倒闭，倒闭后得到的行政救济和司法救济对其而言又有何实际意义呢？即使不至于面临倒闭，纳税人缴纳了税款再申请复议，甚至通过诉讼赢得了官司，想要将已经缴纳的税款从国库中退还，此退税程序将是无比繁琐。参见“江西省高级人民法院关于人民法院能否直接受理因纳税主体资格引起的税务行政案件的请示”，参见《行政执法与行政审判参考》（总第 4 集），法律出版社 2002 年版，第 196 页。

和行政起诉权，有悖于行政复议法与行政诉讼法的立法本意。我国旧《海关法》第46条也有类似规定，修改后的《海关法》第64条将缴清关税后才能申请复议的条件予以取消，新《海关法》实施以来，并未出现由于申请复议、提起诉讼而影响国家关税征收的情况。我们建议立法机关在修改税收征管法时，应取消这一限制条件。

2. 我国行政起诉条件“高阶化”原因分析

我国行政诉讼起诉条件之所以包含大陆法系行政诉讼诉讼要件的主要部分，甚至还包含部分权利保护要件，是因为立法者在制定行政诉讼法时，对诉讼程序开始时点的认识存在偏差。

在域外，一般说来，起诉权是当事人行使诉权的基本形式，只要当事人认为自己的合法权益受到行政机关行政行为的侵犯，其就可以通过起诉向法院寻求救济。当事人行使起诉权是启动行政诉讼程序的唯一动因。只要当事人向法院递交了书面行政起诉状，起诉状记载的内容能够明确诉的构成要素，即当事人、诉讼标的和诉讼请求从而使诉特定化，同时缴纳了案件受理费，法院负责登记的工作人员就会接收当事人的诉状，并对其诉状进行登记，然后编立案号，整理成卷宗。法院的登记立案是对当事人合法行使起诉权所负的义务。该登记立案的法律效果是审判程序正式启动，当事人取得原告地位，法院开始对该案行使审判权和特定案件管辖权，案件进入审理程序。

其实，无论是大陆法系还是英美法系，立法上对行政起诉几乎没有所谓的“条件”规定，若非要寻找与我国“起诉条件”相对应的内容，也就只有起诉的形式要求，即提交能使诉特定化的书面起诉状，以及缴纳案件受理费。换言之，起诉行为发生在诉讼程序正式启动之前，此时，法院无权对原告的起诉行使审判权，法院负责立案的工作人员只能对原告的起诉状进行形式审查。

在大陆法系，原告起诉产生诉讼系属之后，案件正式进入诉讼程序，如前所述，大陆法系行政诉讼的审理程序称为“两段式诉讼审理结构”，即包括诉讼审理与本案审理两个阶段。在大陆法系，案件诉讼系属于法院并不意味着原告所起之诉具有合法性，也不意味着法院必然要对原告的诉讼请求作出实体判决。法院在诉讼审理程序中会依职权审查原告起诉是否具备诉讼要件，若具备，法院才会进入本案审理程序。案件进入本案审理程序之后，再由法官依据权利保护要件对原告的诉讼请求以及案件实体争议进行审理，从而决定对原告的诉讼请求作出何实体判决。当然，某些诉讼要件与案件的实体问题是无法截然分开的，因此，在大陆法系，诉讼审理可以发生在诉讼程序的任何阶段。

在我国，无论是民事诉讼法，还是行政诉讼法，为了防止当事人滥用起诉权，立法要求所有进入审理程序的诉都必须具有合法性。为了保证进入审理程序的诉具有合法性，人民法院在进入审理程序之前审查的起诉条件必然包含大陆法系行政诉讼的诉讼要件。在我国，当事人向法院递交起诉状，法院接收起诉状时也会进行登记，但该登记没有大陆法系登记立案的法律效果。该登记只是法院向当事人出具的证明曾接收当事人起诉状的书面凭证。而且登记后，法院并未给当事人的起诉状编立案号。在我国，能够产生类似大陆法系诉讼系属的时点是法院对原告起诉审查后的受理，此时才给该诉编立案号，填写立案登记表，计算案件受理费。法院的立案机构才正式将案件移送至行政审判庭，开始审理程序。

概言之，在我国，当事人的起诉不是诉讼程序启动的唯一动因，当事人行使行政起诉权并不一定能启动诉讼程序，法院受理才是能否启动诉讼程序的关键。我国行政诉讼在诉讼程序尚未开始之前，就基本完成了大陆法系行政诉讼的诉讼审理阶段了。

3. 我国行政起诉条件“高阶化”的影响

我国行政诉讼起诉条件“高阶化”会带来如下影响：

第一，抬高了行政起诉的门槛，为行政起诉权的行使设置了障碍。

在起诉条件中置入了诉讼要件，或将诉讼要件作为诉讼程序开始的条件，其积极意义在于能够保证进入诉讼程序的诉都具有合法性，有利于防止当事人滥诉给法院造成的不必要的审理负担以及使被告受到的诉累。但事实上，我国目前行政诉讼起诉的现状是当事人“起诉难”而并非是滥诉现象突出。

我国现行立法将诉讼要件置入起诉条件的规定，必然抬高了起诉或诉讼开始的门槛，必然会加大当事人行使起诉权的难度，这也是导致“起诉难”的重要原因之一。在诉讼程序尚未开始时，起诉便因未满足起诉条件而被法院拒之门外，必然会导致司法疏远民众，使民众产生“告状无门”的感觉，此严重偏离了“司法便于接近”的基本理念。此种现象所造成的消极影响是不容忽视的。

第二，法院在诉讼程序开始之前行使审判权的正当性或合法性受到质疑。

在大陆法系，起诉就能产生诉讼系属，诉讼程序开始启动，法院开始对案件行使审判权。我国行政诉讼程序开始的时点是法院立案受理，而非当事人起诉。我国《行政诉讼法》（1989 年）将诉讼要件置入起诉条件之中，会导致法院在诉讼程序尚未开始之前，便对被诉行政行为是否属于行政诉讼受案范围、当事人是否适格、是否属于重复诉讼、是否属于本法院管辖、是否超过起诉期限等诉讼要件进行审查。于是，我国对起诉条件进行审查的立案审查程序就成为一种“前诉讼程序”。①诉讼程序尚未开始，法院尚未能行使审判权，法院何来权力对当事人之起诉进行诉讼要件的审查，何来权力审查当事人的起诉是否具有合法性。法院在此审查过程中行使的审查权的正当性或合法性受到质疑。

三　立案审查程序“行政化”

1. 立审分离的形式主义

按照《立案规定》所确立的“立审分离”原则，行政案件的立案受理应由法院的立案机构负责。但司法实践中，行政案件的立案工作基本上是由行政审判庭来审查和决定的。立案机构在行政诉讼的立案工作中，只负责接收当事人的起诉材料、收取案件受理费以及填写送达案件受理通知书。这种在形式上既不违反最高人民法院的有关规定，又具有适合行政审判特点的立案管理制度，被称为行政案件“立

① 张卫平：《起诉条件与实体判决要件》，《法学研究》2004 年第 6 期。

审分离的形式主义”。[①] 之所以会出现这种“立审分离的形式主义”，是因为依照《行政诉讼法》（1989 年）及相关司法解释“立审分离”的规定，要求基层人民法院的立案机构判断当事人提起的行政诉讼是否符合起诉条件是不现实的。

其一，《行诉若干解释》第 32 条要求人民法院对行政起诉应当组成合议庭进行立案审查。司法实践中，立案机构的法官有大量的民事经济案件的立案审查任务（在我国，民事经济案件的立案审查也要审查起诉条件），几乎不可能组成合议庭来对行政案件进行立案审查。

其二，行政案件的立案审查较民事经济案件，更需要法官具有这方面的专业知识或经验。但基层法院立案机构的法官很少具有行政法学专业背景，对行政执法情况也知之甚少，故基层法院立案机构的法官一般都不太熟悉行政案件涉及的专业知识。由于立案机构的法官对行政诉讼业务的不精通可能会导致行政诉讼立案上的障碍或混乱。这样一来，本来是为了加强立案标准的统一化、规范化，保护民众的起诉权的立审分离制度，在行政诉讼的实践中，反而可能成为限制起诉权的门槛。

其三，我国行政起诉的立案审查期限只有 7 日，对于不太熟悉行政法的立案机构的法官，让其组成合议庭在 7 日内审查清楚当事人起诉是否具备起诉条件，不现实。

“立审分离的形式主义”正是在这样的背景下出现的。基于现实的原因，行政起诉的立案审查由行政审判庭进行，立案机构只是做一些立案形式工作。

2. 立案审查程序的行政化、单方性、非公开性

我国行政诉讼立案审查程序，过分强调法院的职权因素。大陆法系行政诉讼虽然也采职权主义诉讼模式，但是在诉讼程序的启动上还是采处分权主义，即诉讼程序是否开启由当事人决定。但在我国，行政诉讼程序的启动，都掺入了法院的职权因素。按照现行立法规定，

---

① 应星、徐胤：《“立案政治学”与行政诉讼率的徘徊——华北两市基层法院的对比研究》，《政法论坛》2009 年第 6 期。

法院完全是依职权单方面审查当事人的起诉并决定是否受理，当事人完全处于被审查的地位。换言之，法院的审查决定权取代了原告的起诉权，我国行政诉讼程序能否开启并非由当事人意志决定的，而是由法院决定的。因此，本应制约审判权的当事人的起诉权，在此种起诉制度下被审判权所吞并。①

从我国现行立法规定来看，立案审查并不属于诉讼程序，而且，整个立案审查都是非公开的，当事人在立案审查程序中缺乏最低限度的参与。在域外，一般是在诉讼程序开始后，法院才审查当事人的起诉是否具有适法性。英美法系诉讼程序实行当事人主义，对于原告所提之诉是否适法由被告或其他利害关系人进行抗辩。大陆法系行政诉讼程序实行职权主义，对于原告所提之诉是否具备诉讼要件属于法院职权调查事项，但法院在拟驳回当事人起诉之前，会给予当事人一个陈述申辩的机会。

而我国的立案审查是在双方当事人均未参与的情况下由法院单方面、非公开进行的，其行政化处理的特征极其明显，如果法院不立案，又不作出不予立案的书面裁定，当事人很难救济自己的起诉权。

第三节　域外行政起诉制度对我国的借鉴

在前述域外几个法治国家和地区的行政诉讼（司法审查）中，行政起诉权得到了充分的保障，基本不存在"起诉难"的问题，这固然与其良好的行政法治环境有关，但科学、合理的行政起诉制度也至关重要。域外几个法治国家和地区的行政起诉制度的有些经验是值得我们借鉴的。

第一，行政起诉制度设置的目的应是保障当事人的行政起诉权。从前述域外相关制度介绍中，可以看出，域外行政起诉制度，以保障当事人的行政起诉权为目的，而我国行政起诉制度的设计以规则当事

① 张永泉：《审查起诉制度刍议》，《北京科技大学学报》（社会科学版）2001 年第 1 期。

人滥诉为目的。

实际上，我国行政诉讼立法极其漠视当事人的行政起诉权。在观念上，未将当事人的起诉作为启动诉讼程序的唯一动因，导致在制度设计上，也未将当事人提起诉讼作为诉讼程序的起点，而是将法院受理作为诉讼程序的开端。这就使得在受理前进行的立案审查不属于诉讼程序。因此，诉讼程序中的辩论原则、公开审判等原则、制度就不能适用于立案审查阶段，这必将导致立案审查阶段的行政化、法院单方职权性、非公开性。但法院在立案审查阶段确实对起诉是否符合条件行使了审判权，此时审判权行使的合法性必将受到质疑。

在制定行政诉讼法时，立法者总是担心当事人会滥用起诉权，浪费法院的司法资源，增加被告行政机关的诉累。因此，在起诉条件中置入诉讼要件，强调进入诉讼程序的案件的适法性。这不仅增加了立案审查工作的难度，致使要求在短短的 7 日内让欠缺行政法专业知识的立案机构的法官组成合议庭进行立案审查的规定只能流于形式，形成行政案件的“立审分离形式主义”。而且在立案审查阶段未给予当事人任何发表意见的机会，就对当事人的起诉权作出如此重大的处理，有违正当程序原则的基本要求。

第二，确立行政内救济先行原则。在英国、美国和我国香港地区，提起司法审查之前一般都经过了行政系统内部救济程序，在德国、我国台湾地区，提起撤销诉讼、课予义务诉讼都应先经过行政复议。而我国，行政复议与行政诉讼的关系，规定以当事人选择为主，复议必须前置为例外。学者认为这样设计有利于保护行政相对人的权利。① 但笔者认为，这容易使司法成为解决行政纠纷的第一道防线，

---

① 立法时主要是考虑到虽然通过行政内途径解决行政纠纷具有很大的优越性，如有利于发挥行政机关处理行政案件的专业性优势；有助于尊重行政机关行使职权；具有简便、效率的特点等。但如果将行政内救济规定为解决每一行政案件必经的诉前程序，则不利于保护公民、法人和其他组织的合法权益，因为这样做将使公民、法人或者其他组织在自己的合法权益受到来自行政机关的侵害时不能直接地受到人民法院的司法保护，限制了公民、法人和其他组织的司法保护请求权；而且当事人跨地区申请复议也会遇到食宿、交通等困难；同时有些行政行为在下级行政机关实施前，一般都请示过上级行政机关，再经复议意义不大。

不利于落实司法最终解决原则。

行政内救济先行原则，有学者称之为“穷尽行政救济原则”、“行政内救济优先原则”，是指对某一个行政争议，除法律另有规定的以外，相对人应当首先通过行政内部救济途径进行解决；行政内部救济途径不能解决或者当事人对行政内部救济途径解决不满意的，方可以向法院提起行政诉讼。行政内救济先行原则主要是基于现代行政管理的专业性和效率性要求而考虑的。按照国家权力之间的分工，对纠纷的解决和权利的救济本应属于司法权的内容。但由于现代社会的发展，行政权力逐渐扩大，即使是在严格实行三权分立原则的国家，立法上和理论上也尽量在保留司法对行政裁决权的最终控制和监督的前提下，逐渐地将对行政纠纷的裁决权和救济的给予权交给行政机关。“尽管有三权分立的迂腐教条，向行政机关授予审判权却一直没有中断过。复杂的现代社会需要行政机关具有司法职权，使这种授权不可避免”。① 随着现代行政法的发展，世界各国越来越重视通过行政程序解决行政纠纷和实施行政救济。将行政内部救济途径作为行政诉讼必经或者可能经过的诉前程序，已成为一种世界性经验。②

行政系统内部救济途径以其专业性、效率性的特点和尊重行政机关行使职权的优势，为现代行政救济制度所广泛采用。行政内救济先行原则已成为现代法治国家在设置行政起诉制度时必须加以考虑的原则。

第三，在具体起诉制度上，起诉条件形式化，实行立案登记制。英美法系和大陆法系对行政起诉一般都实行立案登记制。英美法系对

---

① ［美］伯纳德·施瓦茨：《行政法》，徐炳译，群众出版社1986年版，第55页。

② 美国早在1946年《联邦行政程序法》中就授予了相对人“行政上诉”权。1958年，英国制定《行政裁判所与调查法》，正式确立了由行政裁判所处理行政纠纷的制度。澳大利亚1975年实施《行政上诉裁判法》。大陆法系虽然一般都设有专门的行政法院，但同时也确立了类似的以原行政机关或者其上级行政机关受理不服请求的制度。如法国的行政救济制度。德国以其1960年《行政法院法》和1976年《行政程序法》规范了行政申诉制度。融两大法系特点于一体的日本，于1962年颁布了《行政不服审查法》，确立了今日日本的行政不服审查制度。参见林莉红《中国行政救济理论与实务》，武汉大学出版社2000年版，第19—22页。

起诉都只有书面方式及诉状内容的规定，即使有诉前程序和起诉期限的限制，但这些内容属于被告抗辩的事项，起诉时法院不会审查。只要行政相对人向法院提出了符合法律规定的书面诉状，书记员对诉状进行形式审查，认为记载的事项完备，即可立案，司法审查的程序就开始了。

大陆法系对于行政起诉也只有形式上的要求，一般都规定以书面形式提起诉讼。立法对起诉状的规定，也只是要求起诉状在形式上具备当事人、诉讼请求、诉讼标的及事实理由等内容。原告只需要向法院递交了符合法律规定的起诉状和交纳了案件受理费，法院就进行登记立案。对案件进行登记的是法院书记室或类似部门，严格的说，负责登记的法院工作人员不是法官，其不具有审判权，其只能审查起诉状是否具备法律要求记载的内容。在未实行强制代理制度的大陆法系国家和地区，起诉状的某些内容即使欠缺或者记载不当，也不影响案件登记。在台湾地区，即使起诉状递交的法院无管辖权，也不影响案件登记。

可见，无论是大陆法系国家，还是英美法系，对提起行政诉讼（司法审查）没有实质性限制条件，都实行立案登记制，立法对当事人行使行政起诉权没有设置障碍，当事人只要提交了合法的起诉状和交纳了案件受理费，在英美法系，就能引发诉答程序，在大陆法系就能产生诉讼系属。而我国行政诉讼的起诉条件不仅包括了诉讼成立要件，还包括了大陆法系的诉讼要件，甚至包含部分实体判决要件，我国实行的是立案审查制，只有法院审查原告起诉符合起诉条件后，法院才会立案受理。这无疑是为当事人行政起诉权的行使设置了障碍。

第四，借鉴大陆法系诉讼系属理论和“两段式诉讼审理模式”。大陆法系关于行政诉讼的诉讼系属理论、“两段式诉讼审理模式”的研究较为成熟。这些理论有助于完善我国行政起诉制度，使起诉制度更加科学、更加符合诉讼规律。

在大陆法系当事人提起行政诉讼，在程序上一般会产生诉讼系属的法律效果。诉讼系属反映了某个诉讼正处于某个法院的审理过程中，是对诉讼自起诉时起至诉讼终结的整个诉讼过程的高度概括。[①]大陆法系一般认为，应当以起诉时为诉讼系属的发生时间，即诉讼系属始于原告向法院递交起诉状、法院登记立案。具体来说，如果是以书面方式起诉，自起诉状送交法院时发生诉讼系属，如果是口头起诉，自法院书记官作成笔录时发生诉讼系属。在大陆法系提起行政诉讼，诉讼系属于法院后，法院对该诉讼负有予以审理和裁判的义务，这些是诉讼系属在诉讼法上所发生的一般效果，除此之外，诉讼系属还发生受诉法院管辖恒定、案件当事人恒定、诉讼标的确定、禁止当事人重复起诉等法律效力。

大陆法系行政诉讼理论将诉讼系属后开始的行政诉讼审理程序分为两阶段，即“两段式诉讼审理模式”。第一阶段为诉讼审理阶段，主要审理原告所提之诉是否合法，审查的标准为诉讼要件（其实称“实质裁判条件”或“实体判决条件”更合适）。诉讼要件，是法院进行本案审理作出本案实体判决的前提要件。大陆法系诉讼理论认为诉讼要件是当事人寻求公力救济时，法律秩序所要求的条件，故诉讼要件体现了公益性。因此，对诉讼要件的审查原则上属于法院职权调查事项。如果诉讼审理中认为原告之诉欠缺诉讼要件而又不能补正的，则系属中的诉便是不合法的。此时，法院应以“诉不合法”为由驳回原告之起诉。如果诉讼审理后认为原告之诉的诉讼要件齐备，法院无需制作特别文书，便可继续进行本案审理。

第二阶段为本案审理阶段，法院审理原告提出的实体请求是否有理由，审理标准为权利保护要件（或称“本案要件”）。如果法院认为原告请求满足权利保护要件，则应作出支持原告诉讼请求的实体判决；如认为原告请求未满足权利保护要件，则应以“诉无理由”作出驳回原告诉讼请求的实体判决。

需要说明的是，在诉讼程序中两个阶段的审理并没有明显的界限。因为某些诉讼要件与案件的实体争议存在联系，如当事人是否适格、有无诉的利益往往依据的是案件实体法律关系中的因素来判断

---

① 刘学在：《略论民事诉讼中的诉讼系属》，《法学评论》2002 年第 6 期。

的。因此，诉讼审理与本案审理难以截然分开。德国、我国台湾和澳门地区虽然都要求在进行本案审理之前审查清楚诉讼要件，但也不排斥在本案审理阶段，若发现欠缺诉讼要件，仍然可以“诉不合法”为由驳回原告的起诉。换言之，法院对诉讼要件的审查可以发生在诉讼的任何阶段，或者说，对诉讼要件的审查贯穿于整个审理过程。

而我国行政诉讼法规定了一个独立的受理阶段，将受理作为诉讼程序的开端，学界通说也认为受理后才发生诉讼系属的效力。法院在受理前进行的立案审查工作，是大陆法系在诉讼审理阶段才进行的工作。但我国行政诉讼法应当规定诉讼系属从起诉时发生，同时废除立案审查制度，实行立案登记制并完善驳回起诉制度，这样有利于保障当事人的起诉权。

第五，在受理程序（或诉讼审理阶段）中赋予当事人程序参与权。英美法系有些国家和地区有申请司法审查的许可程序，如英国司法审查中的诉讼许可程序，我国香港地区的司法复核申请许可程序，这些程序与我国行政诉讼受理程序相类似，但这些许可程序都是在起诉立案之后，且在这些程序中，都赋予了当事人程序参与权，允许当事人发表意见，从而保障当事人的起诉权。

在大陆法系行政诉讼的诉讼审理中，法院即使发现原告起诉状有欠缺或记载不当，或原告之诉欠缺诉讼要件，一般不会直接以“诉不合法”为由，驳回原告的起诉。法官会向原告履行告知义务，告知其起诉状存在的欠缺和不当之处，并给予当事人补正的机会，为其指定期间允许其补正。在某些大陆法系国家或地区，法官拟驳回原告起诉之前，还允许当事人到庭前发表意见。这种程序参与权能较好地保障当事人的起诉权。

而我国行政诉讼受理阶段，当事人没有程序参与权，没有向法院表达其起诉是否合法的意见的机会。在没有听取当事人的意见的前提下，就对当事人之起诉是否合法作出判断，显然是有违程序公正原则的，无疑侵害了当事人的起诉权。因此，在修改我国受理程序时，应增加当事人的程序参与权以充分表达其对受理的意见。

第五章

中国行政起诉制度之完善

行政诉讼法制度先行的做法是有意义的，就法律对策而言，应当借鉴其他国家和地区的先进经验，改革行政起诉制度，以尊重和保障当事人行政起诉权为理念，确立法院有义务接受当事人之起诉，以及当事人的起诉能直接启动行政诉讼第一审程序。并制定方便当事人行使行政起诉权的受理制度，让当事人能够毫无障碍地接近司法。同时科学、合理设置行政诉讼的诉讼要件，以保障行政起诉权的实效性。

第一节　行政起诉制度之构建标准

行政起诉制度应首先让当事人能无障碍地进入司法大门，启动行政诉讼第一审程序。

一　形式上保障：毫无障碍启动第一审程序

国家之所以要设置审判权并交由法院依法行使，其目的就是为了保障当事人的诉权能得以充分行使并依法实现。与审判权相比，诉权应当被置于制约审判权行使的优先地位，而审判权的行使则应以保障当事人诉权的充分实现为宗旨。[①] 行政相对人行使起诉权是法院行使行政审判权的前提，行政审判权对行政起诉权具有应答义务。国家有行政救济的职责，但并无主动干预的职权。“不告不理”是行政纠纷进行公力救济的基本准则，也是对行政相对人自由行使起诉权的

① 赵钢：《正确处理民事经济审判工作中的十大关系》，《法学研究》1999 年第 1 期。

尊重。

第一，是否提起行政诉讼由行政相对人决定。

被动性是行政审判权最显著的特征，行政相对人行使起诉权是法院行使行政审判权的前提，国家（法院）有行政救济的职责，但并无主动干预的职权。“不告不理”是行政纠纷进行公力救济的基本准则，也是对行政相对人自由行使起诉权的尊重。行政相对人行使起诉权，提起行政诉讼是启动第一审程序的唯一动因。只有行政相对人起诉到法院，行政审判权才能启动和运行。行政相对人不起诉，行政审判权只能处于静止状态。

第二，起诉制度应保障当事人能毫无障碍地进入行政诉讼程序。

行政诉权相对于行政审判权而言，处于优先地位。这种优先地位体现为行政审判权应当充分尊重诉权，首当其冲应当充分尊重相对人的行政起诉权。尊重行政起诉权最直接的表现就是接受当事人的起诉。接受当事人的起诉，让行政相对人有机会接近、参与司法，行政相对人就会对纠纷的解决产生希望，这不仅有利于纠纷的解决，也有利于社会的稳定。即使当事人所起的诉可能会因为诉不合法而被驳回起诉或诉无理由而被驳回诉讼请求，但至少在起诉环节，行政相对人接近、参与了司法，利用了国家司法资源来解决自己的纠纷、维护自己的权益，这会让行政相对人有一种国家主人翁的社会存在感。如果在起诉阶段，法院就以苛刻的条件限制了相对人的起诉，将其拒在法院大门之外，这会让行政相对人对纠纷的解决感到茫然不知所措，同时，也会觉得法律只是国家用来标榜法治的摆设，实际距离老百姓非常遥远，慢慢就会对行政诉讼、对法律失去信心。因此，在诉的成立要件的设置上应当“低阶化”甚至可以“无阶化”，充分体现行政审判权对行政起诉权的尊重。

“审判权对于起诉权具有应答性，对于起诉权有求必应、有问必答。只要当事人起诉，法院就应当受理。对于当事人提出的诉讼请求，法院必须一一作出裁判”。[①] 行政审判权对行政起诉权负有应答

① 吴英姿：《诉讼理论重构》，《南京大学法律评论》2001 年春季号。

义务，法院无权以任何理由拒绝当事人的请求，包括“法无明文规定”这个理由。当事人的起诉只要符合法律规定，案件就应当产生诉讼系属，开启法院的审理程序。

强调行政审判权对行政起诉权的应答性，有利于克服法院在受理诉讼上滥用立案审查权，将那些本应由法院保护的权益诉求拒在司法大门之外。不论行政诉讼程序设计得如何精密妥当，如果当事人无法有效地行使起诉权，那么，其正当权益就不可能得到司法保障。

有人总是担心让行政相对人没有任何限制地行使行政起诉权可能会导致滥诉，会令行政机关疲于奔命，会降低行政效率和行政权威。笔者认为，让行政相对人毫无障碍地行使行政起诉权，只是表明行政审判权对行政起诉权的尊重，让行政相对人遇到行政纠纷或权益遭受侵害时能够有机会接近和参与司法。况且，诉的成立并不意味着诉的合法，并不是任何人随意对行政机关提起的诉都是合法的，法院都会对其作出实体判决。笔者认为对于滥诉的规制，并不等于要限制起诉权，而应当通过设置诉的合法要件（诉讼要件）来限制不合法的起诉进入案件实体审理程序。

另外，行政诉讼的特征决定了，行政起诉权不具有民事起诉权的完整性，在行政诉讼中还达不到“由当事人自己决定是否起诉与法院审判的内容”的程度，行政起诉权对行政审判权的制约仅表现在启动行政诉讼程序上。故，不必过分担心让行政相对人没有任何限制地行使行政起诉权可能会导致滥诉。

二　实质性保障：实体权益得到救济

行政起诉权是一项基本的、自然的、程序性权利，是基于保护实体性权利的需要而产生的；行政审判权具有救济权益、解决纠纷、监督行政的功能，是基于对实体性权利予以司法救济的需要而产生的。行政起诉权是当事人启动行政审判权以救济自身权益的“钥匙”，是实体性权益与行政审判权之间的桥梁，行政审判权负有保护行政起诉权的职责和义务，行政起诉权的实现有赖于行政审判权的保障。

让行政相对人毫无障碍地进入行政诉讼，只能保障行政起诉权形式上的实现，行政起诉权实质上的实现，即让法院能真正救济行政相对人的实体权益，则要考虑下列因素。

第一，行政相对人起诉的行政纠纷一定是行政审判权能够解决的纠纷。

行政审判权不是在任何时候对任何行政纠纷都能处理的。行政审判权在监督行政权的同时，应注意在一定范围内要尊重与礼让行政权。司法审查有限原则要求行政审判权对行政权介入的广度、深度和长度有限，即要求法院只能在法律规定的一定期限内对一定范围的行政行为进行合法性审查，不能超过法律规定的时限长度和范围广度以及深度。

（1）行政审判权对行政权介入的广度受受案范围的限制。

行政诉讼的受案范围，是指法院受理和裁判行政案件的范围，也就是法院受理行政争议的界限，行政诉讼受案范围的宽窄直接反映了行政审判权对行政权干预范围的广度。

（2）行政审判权对行政权介入的时间受法定复议前置要求和起诉期限的限制。

在域外一些国家和地区，在进行行政诉讼或司法审查之前都要求经过行政复议。比如，在美国提起司法审查之前，要求穷尽行政救济途径。在德国和我国台湾地区，行政诉讼中的撤销诉讼与义务诉讼在提起之前，都要求先进行行政复议。这主要是为了给予行政机关自行矫正违法或不当行政行为的机会，也彰显着行政审判权对行政权的尊重以及保持着必要的克制。

起诉期限是法律明确规定当事人起诉权行使的有效期间。法律设置合理的起诉期限，不仅可以催促当事人及时行使权利，而且还能提高权利行使的效率，有利于及时稳定法律关系。法律若不设置起诉期限，放任当事人长期怠于行使权利，将会导致诉讼不经济。行政诉讼起诉期限为当事人行使起诉权设置了时间的限制，间接的也为行政审判权监督行政权设置了限制。既然起诉期限是法律规定的原告提起行政诉讼的期限，它必然涉及行政审判权对行政权监督的法定时间长度。司法审查长度有限，即司法只能对在法定期限内起诉的行政案件才有权进行审查。超过法定期限起诉的行政案件司法无权审查，只能裁定不予受理，如受理时无法查明，后审理中查明起诉超过行政起诉期限的，则应裁定驳回起诉。

(3) 行政审判权对行政权介入的深度受行政诉讼判决方式的约束。

法院在行政诉讼中，对行政行为的审查主要是以“判断”的方式实现的。而纠正行政执法的错误，恢复公共管理秩序的任务就不是也不能由法院完成。法院在行使行政审判权时，要适当地尊重行政机关在行政管理中对事实问题和法律问题的最初判断权，特别是一些专业性和技术性的问题，不能简单地代替行政机关作出判断，法院“不得代行行政权”成为行政诉讼法的底线规定，也是行政审判权必须恪守的界限。所以，行政诉讼的判决方式以撤销判决（形成判决）为主，即使是课予义务判决，也只是要求行政机关依法履行法定职责，绝对不会代替行政机关履行职责。

因此，立法上要设置诉讼要件，保证行政审判权的有效行使范围。行政相对人之起诉如果不具备诉讼要件，意味着其提起的行政纠纷超出了行政审判权的处理范围，即使行政起诉权形式上得到实现，但行政审判权也无法保障其最终实现。

第二，应设置相应的措施引导行政相对人有效地提起诉讼。

法院作为行政起诉权的义务主体，除了做到“不告不理”、“有告必理”之外，还应能够保障行政起诉权的有效行使。我国公民对行政诉讼了解程度不深，法律又没有规定强制代理制度，当事人对如何打行政官司完全不知，因此，法院不仅应当尊重当事人自由行使起诉权，接受当事人的起诉，更应该对当事人提起行政诉讼给予必要的诉讼指引、释明和告知义务，从而帮助当事人能有效地提起行政诉讼，提高诉讼效率。对贫困的当事人，因经济能力无法实施起诉权的当事人，法院应当为其提供司法救助，不能因为经济能力的问题，使当事人无法行使起诉权。必要时，法院还可以将贫困当事人的信息转发给司法行政机关，建议司法行政机关为其提供法律援助，这都是保障贫困的当事人能够有效行使起诉权。让所有人都有接近司法、接近正义、平等地利用司法制度的机会。

第三，对侵害行政起诉权的行为，应设置配套制度进行救济。

“无救济即无权利”，如果只赋予当事人起诉权，可对侵害起诉权的行为没有相应的救济制度，该权利无疑被虚置。立法上不仅应当让当事人能毫无障碍地进入行政诉讼，能有效地提起行政诉讼，更应该在当事人的起诉权受到侵害时，能救济当事人的起诉权。这种救济应当包括两个方面：一是消除（或撤销）侵害、妨碍起诉权行使的行为，使当事人的起诉权能够得以实现；二是追究侵害、妨碍起诉权的相关责任人的责任，不仅仅追究其内部责任，应当建立一种类似错案责任追究终身制的制度。

要解决我国行政起诉制度中的上述问题，需要实行“综合治理”，既解决法律外的问题，又解决制度上的问题。就法律对策而言，应当借鉴其他国家和地区的先进经验，改革现行起诉制度，以尊重和保障当事人行政起诉权为最高理念，确立法院有义务接受当事人之起诉，以及当事人的起诉是启动诉讼程序的唯一动因的观念。并制定方便当事人行使行政起诉权的起诉受理制度，让当事人能够毫无障碍地接近司法。同时科学、合理设置行政诉讼的诉讼要件，以提高保障行政起诉权的实效性。就制度外的问题而言，在逐步改善外部法治环境的同时，法院应尽可能地提升自身的司法能力。

第二节　行政起诉制度完善之建议

一　确立（起）诉权保障原则

行政诉讼法作为保障诉权实现的法，从体系的逻辑性和完整性来说，应当在法典总则中规定行政诉权。在我国，诉权一直停留在理论中，并未上升为立法。在行政诉讼法中规定行政诉权，不仅可以强调对当事人实体权利的救济与程序权利的保护，而且可以为诉权入宪打下部门法基础。在立法建议上，我国学者一般都是从保障起诉权的角度来确立起诉权保障原则。

行政起诉制度是2014年《行政诉讼法》修改的重点内容之一。为了解决司法实践中人民群众反映强烈的“立案难”问题，《行政诉讼法》（2014年）在总则部分明确了保障起诉权原则，《行政诉讼法》（2014年）第3条第一款规定：“人民法院应当保障公民、法人或者其他组织的起诉权利，对应当受理的行政案件依法受理。”在三大诉讼法中，行政诉讼法率先在总则部分规定了保障起诉权和依法受理，行政起诉权的保护走在三大诉讼法的前列，对民事诉讼法与刑事诉讼法确立起诉权保障原则将起到示范作用。

《行政诉讼法》（2014年）规定的“保障起诉权”原则包含两个方面的内容：

第一，方便公民、法人和其他组织行使起诉权。

公民、法人和其他组织的行政起诉权是否得到切实行使的判断标准，笔者认为应当是当事人能够毫无障碍地、较方便地行使起诉权，不会因为自身的文化程度、专业背景、经济条件而让其行使起诉权感到不方便。《行政诉讼法》（2014年）增加或修改了下列规定，体现了人民法院对行政相对人起诉权的保障，使得相对人行使起诉权更加方便。

1. 扩大了行政诉讼的受案范围，使当事人起诉时不必过多考虑被诉行为是否属于行政诉讼的受案范围这一专业性特别强的问题。

《行政诉讼法》（2014年）第12条将近年来社会中矛盾比较突出的对自然资源所有权或者使用权决定不服，对征收、征用及其补偿决定不服，对行政机关滥用行政权力排除或者限制竞争，要求支付最低生活保障待遇、社会保险待遇，以及实践中新出现的行政机关不依法履行、未按照约定履行或者违法变更、解除政府特许经营协议、土地房屋征收补偿协议等行政纠纷纳入了行政诉讼的受案范围。另外，《行政诉讼法》（2014年）第53条明确了国务院部门和地方人民政府及其部门制定的规范性文件人民法院可以附带审查。

受案范围的扩大、规范性文件的附带审查实质上扩大了相对人权益受保护的范围，使得行政主体无论通过何种方式针对行政相对人作出的绝大部分行政行为，相对人都可以起诉或一并起诉，相对人不必过多考虑被诉行为是否属于受案范围，这使得当事人行使起诉权更加方便。

2. 延长了起诉期限，使当事人有充足时间准备诉讼。

《行政诉讼法》（2014 年）第 46 条将原来 3 个月的起诉期限延长至 6 个月，使相对人有充足的时间与行政主体协调，考虑是否起诉，或者收集证据，为诉讼做比较充分的准备，使当事人能更加有效地行使起诉权。

3. 允许口头起诉，规定法官有指导和释明义务，使文化程度、专业背景不再成为当事人行使起诉权的障碍。

《行政诉讼法》（2014 年）第 50 条起诉方式增加了口头起诉的方式，保障当事人不会因为文化程度较低或书写有困难不能写或无法写出合法的起诉状而妨碍其行使起诉权。

《行政诉讼法》（2014 年）第 51 条第三款规定，当当事人的起诉状内容欠缺或者有其他错误的，人民法院应当给予指导和释明，并一次性告知当事人需要补正的内容。不得未经指导和释明即以起诉不符合条件为由不接收起诉状。人民法院的这一义务保障当事人不会因为欠缺法律、诉讼专业知识而被莫名其妙地阻挡在法院大门之外。

第二，规范、约束法院的受理程序，对应当受理的行政案件能依法受理。

《行政诉讼法》（2014 年）确立了登记立案制，为法院妨碍或阻碍当事人行使起诉权提供了救济途径，同时明确了法院未依法受理将承担的责任，使当事人不必担心会因为案外的原因而被阻挡在法院大门之外。

1. 规定了立案登记制。

《行政诉讼法》第 51 条规定了登记立案制，要求人民法院在接到起诉状时当场予以登记，当场不能判定是否符合起诉条件的，应当先接收起诉状，出具注明收到日期的书面凭证，并在七日内决定是否立案。如果不符合起诉条件，作出不予立案的裁定。裁定书应当载明不予立案的理由。根据登记立案制的要求，法院不得拒绝当事人的起诉，接收或不接收当事人的起诉状，法院都必须给予当事人书面的法律文件，以便当事人进一步主张权利。

2. 为妨碍当事人行使起诉权或为当事人起诉设置障碍的行为提供了救济途径。

《行政诉讼法》（2014 年）第 51 条第四款规定对于法院不接收起诉状、接收起诉状后不出具书面凭证，以及不一次性告知当事人需要补正的起诉状内容的，当事人可以向上级人民法院投诉。

《行政诉讼法》（2014 年）第 52 条规定法院既不立案，又不作出不予立案的裁定，当事人可以直接向上一级法院飞跃起诉。

3. 规定了法院不依法受理将承担的责任。

《行政诉讼法》（2014 年）第 51 条第四款规定法院若没有接收起诉状、接收起诉状后没有出具书面凭证，以及没有一次性告知当事人起诉状应补正的内容，当事人可以向上级人民法院投诉，上级人民法院应当责令改正，并对直接负责的主管人员和其他直接责任人员依法给予处分。

二　起诉条件形式化，实行立案登记制

（一）“立案审查制”与“立案登记制”之争

在立案方式上，是实行域外普遍实行的立案登记制，还是保持我国现有的立案审查制，理论界与实务界产生了分歧。民事诉讼法学者在修改民事诉讼法时，大多主张实行立案登记制。建议取消现行法规定的依据起诉条件审查起诉、决定是否受理的立案审查制度，代之以立案登记，即只要当事人向法院提起诉讼，提交了符合要求的起诉状，法院无需审查，应当立案登记，将是否符合诉讼要件的审查置于立案之后，从起诉程序上解决“起诉难”问题，以保障当事人的诉权得以充分实现。[①]

但实务界普遍持反对态度。有法官认为，“立案登记”弊多利少，

---

① 江伟主编：《〈中华人民共和国民事诉讼法〉修改建议稿（第三稿）及立法理由》，人民法院出版社 2005 年版，第 238—240 页。江伟主编：《民事诉讼法专家修改建议稿及立法理由》，法律出版社 2008 年版，第 213—216 页。

将迟延司法进步。实行立案登记制必须具备三个条件：一是公民有良好的法律意识与诉讼意义；二是社会具有完善的纠纷解决机制；三是司法具有极大的权威。① 在民事审判权作用范围不明的情形下实行立案登记制，要求人民法院不得拒收当事人的诉状，是不切实际的，必将加剧司法矛盾，带来灾难性后果。② 另有法官认为，立案登记制不宜简单移植，理由是：立案登记制也不能解决“立案难”问题；论证不充分，没有实践的土壤；不能适应社会纠纷的复杂性；忽视司法的有限性；忽视了司法机关以外的其他国家机关和社会组织在化解纠纷中的作用。除此之外，如果废除立案审查制而简单移植国外的立案登记制，还将带来以下危害：引起“诉讼爆炸”；降低司法权威；引起滥诉；妨碍法院和其他国家机关及社会组织的关系；实质上取消了主管制度；不适应中国的国情。③

（二）行政起诉应实行立案登记制

从理论界与实务界有关立案方式改革的讨论中，可以看出，立案审查制与立案登记制的相同之处在于，都要对原告之诉的起诉条件和诉讼要件进行审查。两者的主要区别在于，何时对原告之诉的诉讼要件进行审查。立案审查制是在诉讼系属之前对起诉要件和诉讼要件一并审查，然后决定是否立案，起诉权行使的结果并不必然启动诉讼程序。立案登记制是对符合起诉条件的起诉先登记立案形成诉讼系属后，再审查诉讼要件。在立案登记制中，当事人行使起诉权没有障碍，因为提交合法的起诉状和交纳案件受理费，对于当事人来说是非常容易做到的。

笔者认为，在行政诉讼中应当实行立案登记制。

---

① 姜启波：《人民法院立案审查制度的必要性与合理性》，《人民法院报》2005 年 9 月 21 日第 B1 版。

② 姜启波：《民事审判权作用范围的相关问题》，《人民法院报》2005 年 11 月 9 日第 B1 版。

③ 吴少军等：《论民事诉讼立案审查制度》，载陈桂明主编《民事诉讼法学专论》2007 年卷（中国法学会民事诉讼法学年会论文集），厦门大学出版社 2008 年版，第 140—143 页。

第一，实行立案登记制更符合诉讼法理。前揭所述，起诉权本质上是诉诸司法的权利，是打开司法之门的钥匙，是整个诉讼程序的原动力，也是启动第一审程序的唯一动因。行政审判权对起诉权具有被动性和应答性，只有第一审程序启动之后，法院才能行使行政审判权对原告起诉进行诉讼要件的审查。而立案审查制显然违背这一诉讼法理，试问，在法院尚未立案之前，即在诉讼程序尚未开始之前，法院何来权力对原告起诉进行诉讼要件审查。

第二，实行立案登记制能更充分、有效地保障当事人的起诉权。司法是社会公平正义的最后一道防线，然而立案审查制却为当事人进入司法之门设置了障碍。无论"立案审查制"的支持者摆出多少"必要性"，他们难以回避的问题是，相当数量的当事人的维权之路被断送在"立案审查"上，行政相对人的权利救济诉求被"立案审查"挡在了司法大门之外。可以说，只要实行立案审查制，所有行政相对人都有可能被"立案审查"阻断权利救济之路。笔者主张实行立案登记制，只要当事人提交了合法的起诉状和交纳了案件的受理费，法院即应当进行登记立案，就能发生诉讼系属的效力。藉此降低起诉的门槛，以使当事人能够更便利地接近司法。只有当事人能够毫无障碍地进入诉讼程序，才能进一步谈利用司法来保障和救济自己的合法权益。

第三，行政诉讼中不存在民事诉讼中实行立案登记制的担忧。在民事诉讼中实行立案登记制，部分学者和实务部门的法官主要担心，一是会导致滥诉，二是使诉讼外的纠纷解决机制（主要是仲裁）被虚置。这两点担忧在行政诉讼中是不存在的。行政起诉现在突出的问题不是滥诉，而是行政相对人不敢告、不愿告，法院依法受理行政案件的比率偏低的问题，致使行政诉讼功能难以充分发挥。行政诉讼实行立案登记制不会导致行政诉讼外纠纷解决机制（主要是行政复议）被虚置。纠纷双方当事人之间是否存在有效的仲裁协议是民事诉讼的诉讼要件，而此项诉讼要件属于诉讼中当事人抗辩的内容。如果当事人之间存在仲裁协议，一方向人民法院起诉未声明有仲裁协议，实行立案登记制，人民法院直接受理后，另一方在首次开庭前也未对人民法院受理该案提出异议的，法律上视为当事人放弃了仲裁协议，人民法院应当继续审理。这样确实忽视了仲裁在化解纠纷中的作用，使得“有效仲裁协议排斥诉讼”这一诉讼要件被虚置。但是在行政诉讼中，所有诉讼要件均属于法院职权调查事项，无须当事人抗辩，原告起诉的案件是否属于复议前置型案件，以及是否经过了复议，法院在原告起诉后，会主动审查的。所以，即使实行立案登记制，也不会使“法定复议前置型案件必须先经行政复议”这一诉讼要件虚置。

第四，实行立案登记制也是司法实践中行政法官的意愿。与立案庭法官的观念不同，从事行政审判工作的法官，基本倾向于实行立案登记制。主要原因是因为在目前法院内部，绩效考核最主要的指标是案件数量和质量，案件数量直接关系行政庭及其工作人员在法院内部的地位，实行立案登记制肯定可以增加案件数量。况且，从事行政审判工作的法官还是有职业理想的，他们认为既然从事了该项工作，不办几件案子，无法体现其工作价值。另外，从司法实践来看，行政案件数量总量全国前两位的山东省、河南省，在行政案件立案上实行“立审分离的形式主义”，由于行政庭的法官基本倾向于实行立案登记制，因此，立案审查一般都很宽松，当事人的起诉很容易进入法院大门。[①] 而且，据我们的实地调查，这些地方基本上不存在“起诉难”的问题。

（三）立法建议

第一，将诉讼要件从起诉条件中剥离出来，根据诉的构成要素规定起诉的形式要件。

前揭所述，《行政诉讼法》（1989 年）及《行诉若干解释》规定的起诉条件中不仅包括了诉的成立要件，也包括了诉的合法要件。就笔者掌握的资料来看，域外的行政诉讼法中均没有像我国这样规定起诉条件的。在域外，行政诉讼程序因为原告的起诉而开始，对于原告

---

① 在 2009 年 10 月 25 日最高人民法院召开的“全国法院探索化解行政争议经验视频会议”上，山东高院介绍了抓诉权保护的经验，其中重要的一条，就是原则实行“登记立案”，对起诉仅作形式审查。

的起诉几乎没有设定什么条件。甚至在域外（尤其是英美法国家）的立法和理论上几乎没有所谓“起诉条件”的表述和议论，只有“起诉方式”的说法。如果说有条件也不过是应以书面形式向法院提起诉讼，诉状要求记载当事人、法定代理人、请求目的及原因，都属于形式上的要求。域外行政诉讼的这种“宽进”或“低进”的制度设计是值得我们借鉴的。笔者建议，将现有行政起诉条件中某些条件剥离出来，规定为诉讼要件（诉的合法要件），并将对该要件的审理判断置于案件诉讼系属之后，而将诉的成立要件仅规定为形式要件。

诉，从动词角度理解，是指当事人向法院提出的，请求特定法院就特定的法律主张或权利主张（诉讼上的请求）进行裁判的诉讼行为，① 简而言之，就是起诉行为。从名词角度来界定，是指特定原告对特定被告提出的审判特定的实体主张的请求，简而言之，就是诉讼请求。诉的构成要素，又称为诉的构成，是指构成一个诉所必须具备的、不可或缺的因素。一般来说，诉由三个要素所构成：诉的主体（当事人）、诉的客体（诉讼标的与诉讼请求）和诉的原因（诉讼理由）。② 诉的主体是当事人，主要是原、被告。没有当事人，就不会产生主体之间的纠纷，没有当事人，自然也就无人起诉。诉的客体包括诉讼标的与诉讼请求，诉讼标的与诉讼请求共同体现当事人提起诉的目的，共同构成法院审判的对象与范围。诉的原因，是指当事人提出的诉讼请求得以成立的根据，是用来支持诉讼标的和诉讼请求，并使诉特定化或具体化。显然，诉的构成要素是判断当事人所提之“诉”是否是一个完整的“诉”的标准，具备了诉的构成要素，该诉在诉讼法上就成立了。因此，当事人在起诉时，只需要使诉的构成要素得以明确即可。因此，行政诉讼的成立要件应当包括当事人在起诉状中指明原、被告的身份和住址；提出了具体的诉讼请求；主张了被诉行政行为存在的事实根据。至于原、被告是否适格，是否属于法院的管辖，是否属于受案范围，是否经过行政复议，诉讼请求是否合

① 张卫平：《民事诉讼法》，中国人民大学出版社 2011 年版，第 119 页。

② 江伟主编：《民事诉讼法》（第六版），中国人民大学出版社 2013 年版，第 26 页。

法，主张的事实根据能否证明案件事实，不是起诉阶段所要解决的问题，这些问题要留待诉讼系属后再进行审查。行政诉讼法只需规定提起行政诉讼的形式，即书面形式，以及起诉状应当载明具体的当事人、具体的诉讼请求、诉讼原因，法院就应该受理。

第二，行政诉讼法应实行立案登记制。

笔者建议取消立案审查制，建立简便的登记立案制度，法院只需对当事人提交的起诉状是否具备法律规定的基本内容等进行形式上审查，即能否从当事人的起诉状中明确案件的当事人、当事人的诉讼请求以及当事人起诉的原因。此外，核查当事人是否足额缴纳了案件受理费或依法办理了缓减免交诉讼费的相关手续。除此之外，无需也不应再进行任何实体性审查。对符合规定起诉，予以登记并编立案号，即算完成了相关的立案手续。法院在登记立案的同时，还应对接受的起诉状和有关证据向当事人出具收据。案件诉讼系属时间，笔者认为应该是在当事人递交诉状并在立案登记机构的书记员审查起诉状形式合格后，缴纳诉讼费用时开始计算。

实行立案登记制，也即意味着取消行政诉讼的立审分离原则，相应的法院内部组织分工也就应当加以调整。笔者认为应将立案庭仅设定为立案登记机构，案件登记的人员只要是一般的书记员即可，负责起诉状的形式审查与登记、起诉状副本的送达、收取案件受理费等工作，不再决定是否受理原告的起诉。

三 科学、合理设置诉讼要件

程序的重要性不仅在于能够保证实体公正，还在于它能够增强司法制度抵抗外部压力的能力。社会转型和利益多元注定了行政纠纷的解决方式是多元化的，而司法仅仅是平衡社会利益关系、化解社会矛盾的救济途径之一。社会转型期出现的种种社会矛盾，并非都能够转化为法律问题，司法并不是无所不能的。我们必须克服“司法万能”的倾向，绝不能将所有社会矛盾都转化为司法矛盾，也不能将所有社会压力完全转化为司法压力。不承认司法的这种有限性，就不能客观全面地认识人民法院的职能作用，就可能给司法工作带来负面影响。

行政诉讼的这种“形式化”起诉条件的制度设计需要有诉讼要件（诉的合法要件）审理制度相配合，否则必然会导致诉权的滥用、裁判的非实效性，甚至可能加剧司法矛盾、损害司法权威、给法院带来灾难性后果。但设置诉讼要件的目的并非是为了防止滥诉，控制不合法的诉进入案件实体审理程序，而是为了界定行政审判权对行政权干预的广度、深度和时间长度，以便于行政审判权在其权限范围内能切实有效地保障和救济当事人的实体权益。

（一）一般诉讼要件

我国诉讼法具有大陆法系的特点，我们可以借鉴大陆法系关于行政诉讼的诉讼要件的立法规定，将行政诉讼的诉讼要件分为一般诉讼要件与特别诉讼要件。一般诉讼要件，是指所有行政诉讼案件都必须具备的要件。特别诉讼要件，是指不同类型的行政诉讼需要具备某些特定的要求。作为诉的合法要件，行政诉讼具有与民事诉讼相同的一般诉讼要件。

1. 关于法院的诉讼要件

（1）法院对案件需有审判权，即被诉行政行为属于行政诉讼受案范围。这在诉讼法上称为属于法院的主管，若被诉行政行为不属于法院的受案范围，法院就无权对该争议进行裁判。行政诉讼受案范围界定了行政审判权干预行政权的广度，学术界与实务界都在呼吁要扩大行政诉讼的受案范围。《行政诉讼法》（2014 年）第 12 条的规定也确实扩大了受案范围，将行政机关侵犯公民、法人或者其他组织依法享有的土地、矿藏、水流、森林、山岭、草原、荒地、滩涂、海域等自然资源的所有权或者使用权，行政机关侵犯农村土地承包经营权，行政机关违法集资、征收征用财产、摊派费用，行政机关没有依法支付最低生活保障待遇或者社会保险待遇等纳入受案范围。笔者认为，扩大受案范围一定要审慎。扩大受案范围的本意是为了将更多的行政纠纷纳入法院司法审查的范围，但如果将法院目前没有能力或根本不适合由法院解决的行政纠纷纳入受案范围，不仅使相对人的权益得不到救济，反而会使法院陷入非常艰难的境地。

（2）法院须有管辖权。对案件有管辖权是法院行使审判权进行裁判具有正当性的基础。此种管辖权要件，是指符合地域管辖、级别管辖、专属管辖等国内管辖权要求。[①]《行政诉讼法》（1989 年）规定，基层人民法院管辖第一审行政案件。为了解决行政案件审理难问题，减少地方政府对行政审判的干预，在总结现行做法的基础上，根据党的十八届三中全会关于探索建立与行政区划适当分离的司法管辖制度的精神，《行政诉讼法》（2014 年）在管辖部分增加规定：一是高级人民法院可以确定若干基层人民法院跨行政区域管辖第一审行政案件；[②] 二是对县级以上地方人民政府所作的具体行政行为提起诉讼的案件，由中级人民法院管辖。[③]

2. 有关当事人的诉讼要件

（1）双方当事人具有当事人能力。

（2）原告和被告，须有诉讼行为能力，原告没有诉讼行为能力时，需通过其法定代理人代为进行诉讼行为。

（3）若诉讼由诉讼代理人代为进行，则代理人的代理权必须符合法律规定。

（4）当事人适格。《行政诉讼法》（1989 年）关于原告资格的规定比较原则，实践中，有的将行政诉讼原告仅理解为具体行政行为的相对人，排除了其他利害关系人。《行政诉讼法》（2014 年）第 25 条明确具体行政行为的相对人以及其他与具体行政行为有利害关系的公

① 行政诉讼几乎不存在涉外管辖的问题，依《行政诉讼法》（2014 年）的规定，管辖法院为被告行政机关所在地法院，被告行政机关肯定是我国的行政机关，因此，一般管辖不可能涉外。但在特殊地域管辖中，涉及被诉行政行为限制行政相对人人身自由的，可由被告所在地、原告住所地、原告经常居住地、原告被限制人身自由地法院管辖，被告所在地与原告被限制人身自由地肯定在中华人民共和国领域内，但若被限制人身自由者是外国人和无国籍人，原告住所地或原告经常居住地就有可能涉外了，对于这一问题，目前尚没有研究。行政诉讼涉及的不是当事人之间的私权纠纷，而是公权力纠纷，被告不是私主体，而是公权力主体，显然让中国的行政机关到国外参加诉讼是不可能的事情，在理论上也是说不通的。所以，我国行政诉讼法没有涉外管辖的规定。但依特殊地域管辖的规定以及选择管辖的规定，显然是有涉外管辖存在之可能，因此，笔者建议在选择管辖中，规定一但书，当事人涉外的除外。

② 《行政诉讼法》（2014 年）第 18 条第二款。

③ 《行政诉讼法》（2014 年）第 15 条。

民、法人或者其他组织，有权作为原告提起诉讼。《行政诉讼法》（2014年）第26条进一步明确被告资格。一是复议机关在法定期限内未作出复议决定，公民、法人或者其他组织起诉原具体行政行为的，作出原具体行政行为的行政机关是被告；起诉复议机关不作为的，复议机关是被告。二是行政机关职权变更的，继续行使其职权的行政机关是被告。

3. 有关诉讼标的的诉讼要件

（1）对同一诉讼不得有重复的诉讼系属。此种情形若有发生，为防止重复诉讼和矛盾判决，按我国现行行政诉讼法的规定，后诉法院应将案件移送至先收到起诉状的法院。

（2）对同一诉讼不得有前诉生效裁判既判力的约束。

（3）当事人对诉讼标的具有诉的利益。诉的利益是指当事人具有权利保护的利益或必要。

（二）特别诉讼要件

行政诉讼的特别诉讼要件，是指不同类型的行政诉讼需要具备某些特定的要求。这需要有行政诉讼类型制度与之相配套，在各类型的行政诉讼中单独规定。行政诉讼的诉讼类型主要包括撤销诉讼、给付诉讼（又包括课予义务诉讼与一般给付诉讼）以及确认诉讼。

撤销诉讼的特别诉讼要件包括：（1）被诉行政行为存在；（2）原告须主张被诉行政行为违法并损害其权利或法律上利益；（3）须经行政复议而未获救济；（4）须于法定期间内起诉。

课予义务诉讼的特别诉讼要件为：（1）原告所申请的应是要求行政机关履行法定职责；（2）被诉行政机关在法定期间内应作为而不作为（怠为处分之诉）或被诉行政机关作出拒绝原告申请之意思表示（拒绝申请之诉）；（3）须先经行政复议程序；（4）原告须主张损害其权利或法律上利益。

一般给付诉讼的特别诉讼要件为：（1）给付是因公法上的原因发生的；（2）限于财产上的给付或请求履行法定职责以外的其他非财产上的给付；（3）须主张行政机关违反给付义务损害了原告的权利；（4）不属于可在撤销诉讼中并为请求的给付。

确认行政处分无效之诉的特别诉讼要件包括：（1）确认的对象须为无效或违法的行政行为；（2）须经行政程序，即须已向原处分机关请求确认无效未被允许，或经请求后在法定时间内未作答复；（3）须有即受确认判决之法律上利益。

确认法律关系存否之诉的特别诉讼要件包括：（1）确认对象须为公法上法律关系成立或不成立；（2）须有即受确认判决之法律上利益；（3）须已不得提起撤销诉讼。

（三）确立行政内救济先行原则

笔者在设置行政诉讼的特别诉讼要件时，几乎都强调要先经过行政复议程序或先经行政程序由行政机关处理。

社会中存在一类制度或习俗，作为解决社会冲突的手段，能为社会或群体成员提供某些正常渠道，将平时积蓄的敌对、不满情绪及个人间的怨愤予以宣泄和消除，从而在维护社会和群体的生存、维持既定的社会关系中，发挥“安全阀”一样的功能。[①] 行政诉讼制度就是这样的一类制度。人们相信“可以期待纠纷根据权威的判断得到解决，不过在现实中的许多情况下，法官虽然作出了决定，然而纠纷也不能就此得到解决”。[②] 行政诉讼尤其如此。

《行政诉讼法》（2014年）第4条虽然规定：“人民法院依法对行政案件独立行使审判权，不受行政机关、社会团体和个人的干涉。”但现实中，在我国“一府两院”的政治体制中，行政机关要比“两院”的地位优越得多。就现行体制看，不仅行政机关的机构、人员、设备等要远比“两院”强大得多，而且“两院”的人事任免权、装备设置权、装备划拨权等，以及法官个人的资格认定、身份保障也都受制于行政机关。作为权力结构中的行政诉讼，相对于党的一元化领导、政府权力过大，法院地位相对弱小。司法权无法与掌握各种资源支配权的行政权相抗衡。这样就造成了法院怕得罪行政机关的局面。

---

① 刘泽君：《合理与现实——社会学基本理论》，学苑出版社1998年版，第16页。

② ［日］棚濑孝雄：《纠纷的解决与审判制度》，王亚新译，中国政法大学出版社1994年版，第1页。

并且，作为被告的行政机关往往也不把法院放在眼里，甚至发生被告在诉讼中拘捕原告，被告公开刁难报复法院、约束法官行动自由等现象。[①] 换言之，行政诉讼法能否顺利实施对被告有严重的依赖性。因为即使法院依法对行政争议作出裁判，如果没有上级领导的支持，行政官员很少有动力以牺牲自己的利益为代价来执行法院的裁判。同时，行政案件具有很强的专业性，行政纠纷的处理有时须依赖于行政管理经验和行政技术专长，这也是法官所缺乏的。由此可见，行政诉讼作为行政纠纷的解决途径，是有局限性的。如果不考虑这一点而将案件纳入司法途径中来，最终解决不了纠纷。这不仅消解了司法权威，也使合法性危机加速上移，带来了更深层次的社会治理危机。法院不能包打天下，行政诉讼当然也不能包治百病。如果看不到行政诉讼制度固有的局限，一味地放宽诉讼要件，让法院解决所有的行政纠纷，那么，反而可能会挫伤行政诉讼的功能。[②]

“司法不是万能的。司法只是解决社会问题的多种途径之一种，不可能解决所有社会问题。司法是社会问题的一种法律解决途径，它只能解决法律范围内的问题，不属于法律的问题，司法是无能为力的。将不适宜司法解决的问题交给司法解决，不仅不利于该问题的公正而有效率的解决，而且也是一种司法资源的浪费，损害其他需要获得司法保护的人权要求”。[③] 由此，笔者认为，行政争议的解决不能够完全依赖单一的司法救济途径。随着现代行政法的发展，世界各国越来越重视通过行政程序解决行政纠纷和实施行政救济。将行政内救济作为行政诉讼必经或者可能经过的诉前程序，已成为一种世界性经验。在英美法系，如美国、我国香港地区，提起司法审查都要遵循穷尽行政救济原则；在大陆法系，如德国、日本、我国台湾和澳门地区，提起撤销诉讼、课予义务诉讼之前都要先经过行政复议程序。

在一定范围内建立行政内救济先行原则，使一部分行政案件必须

---

① 张志勇：《试析我国行政诉讼的现状与对策》，《行政法学研究》1995 年第 4 期。

② 何海波：《行政诉讼法》，法律出版社 2011 年版，第 28 页。

③ 喜子：《反思与重构：完善行政诉讼受案范围的诉权视角》，《中国法学》2004 年第 2 期。

经过行政复议或行政裁决，才能向人民法院提起行政诉讼，这样可以使一些在行政诉讼过程中无法解决的案件，尽可能地在行政复议程序中加以解决，从而根本上使公民权利得到切实有效的保护。行政内救济先行原则的基本含义，是指当事人在寻求司法救济之前，应当先利用行政内部存在的、最近的和简便的救济手段，司法应当是纠纷解决的最后一道防线，不应当是纠纷解决的第一道防线。这一制度存在的目的，在于避免司法程序不必要和不合时宜地干预行政程序。它的基本作用在于保障行政机关的自主和行政审判权的有效执行，避免法院和行政机关之间可能产生的矛盾。①

那么，哪些案件应纳入复议前置程序范围内？对于因农村土地征收、城市房屋拆迁、企业改制、劳动和社会保障、资源环保等社会热点问题引发的群体性、敏感性行政争议可以确立行政内救济先行原则，即司法实践中，进行选择性立案时被立案审查拒之门外的案件。因为群体性、敏感性行政争议是多中心的问题，它并不适合用司法来解决。②“群体性纠纷除具有通常意义上的权利救济需求外，还有政治性、政策性等特点，当事人利益冲突激烈，法律界定不清或难以界定；案件处理对社会生活有较大冲击，社会敏感度高而备受公众瞩目；案件处理的结果关系到社会管理秩序、经济秩序的稳定与良性发展”。③ 鉴于群体性纠纷的特点及处理结果对社会的重要影响，这类纠纷应合理解决，但该类纠纷的解决要求法院至少具备以下两方面的能力：一是需要具备很强的资源配置能力，这种资源配置不仅仅局限于对现有利益格局的调解，而是需要具备从系统外获取资源的能力；二是需要在纠纷解决机制中处于主导或者优势地位，因为只有处于主

① 张正钊、韩大元主编：《比较行政法》，中国人民大学出版社 1998 年版，第 757 页。

② 汪庆华：《政治中的司法：中国行政诉讼的法律社会学考察》，清华大学出版社 2011 年版，第 148 页。

③ 杨力：《司法多边主义——以中国社会阶层化发展趋势为主线》，法律出版社 2010 年版，第 114 页。

导或者优势地位，才能够在最大程度上充分调动各方的资源。[①] 法院作为裁判机关，只有对存量资源的配置进行调整的能力，但没有直接的资源“增量”能力，而目前的纠纷解决，尤其是群体性纠纷，往往需要资源的“增量”而非存量资源在配置上的调整。从纠纷解决实践来看，大部分群体性的、非常规性纠纷的解决，都是通过资源增量来满足诉求。[②] 所以，针对群体性纠纷，如果法院迫于压力介入，无论怎样处理都会惹出更大麻烦，引发更多争议和纠纷，而政府却因此回避了自己理应承担的政治责任。司法是正义的最后一道防线，并不是第一道防线。

（四）法院依职权审查诉讼要件

行政诉讼的诉讼要件审查与民事诉讼不同，民事诉讼中，涉及公益的诉讼要件如有关当事人、法院、诉讼标的的要件，由法院依职权审查，但涉及当事人自由处分的事项，如双方当事人之间是否存在有效仲裁协议，则由当事人进行抗辩。而行政诉讼的诉讼要件全部由法官依职权进行审查。这也是行政诉讼的职权主义色彩较民事诉讼浓厚之体现。

四　完善起诉权的救济制度与其他保障制度

（一）完善起诉权的救济制度

根据《行政诉讼法》（1989 年）的规定，法院对起诉权的审查有三种结果：一是符合起诉条件的，立案；二是原告起诉后，法院经审查认为不符合起诉条件的，裁定不予受理；三是立案后发现不符合起诉条件的，裁定驳回起诉。法律规定了对起诉权的救济方式，即不服不予受理和驳回起诉的裁定，当事人有权提起上诉。但现实中，法院在立案方面存在司法不作为的情形：一是法院对当事人的起诉不予理睬，对当事人的起诉状不予接收；二是法院对当事人的起诉，口头告

① 王禄生：《地位与策略：“大调解”中的人民法院》，《法制与社会发展》2011 年第 6 期。

② 龙宗智：《关于“大调解”和“能动司法”的思考》，《政法论坛》2010 年第 4 期。

知不予受理，拒绝出具书面裁定；三是法院对当事人的起诉状接收后，在法定期限内既不立案，也不裁定不予受理。上述司法不作为的情形都属于法院在立案程序不履行或不当履行法定义务，既违反了行政诉讼法的规定，又剥夺了当事人对不予受理提起上诉的权利，实质上侵害了当事人的起诉权。

为了保障当事人对不予受理的上诉权，《行政诉讼法》（2014 年）第 52 条规定“人民法院既不立案，又不作出裁定书，当事人可以向上一级人民法院起诉。上一级人民法院认为符合起诉条件的，应当立案、审理，也可以指定其他下级人民法院立案、审理”。该规定即规定了对起诉权的救济措施，又规定了审理问题。这是专门针对有些法院在法定期限内既不立案又不作出裁定的错误做法而规定的，目的在于为起诉人提供救济途径，有利于解决有些受诉法院因担心当事人上诉而不作裁定的问题。

（二）完善妨害起诉的责任制度

当事人在诉讼中滥用诉讼权利或实施了妨害诉讼的行为，会受到法律的规定。司法实践中，法院在立案方面的司法不作为属于法院在立案程序不履行或不当履行法定义务，是违反行政诉讼法规定的违法行为，应当追究责任。《行政诉讼法》（2014 年）第 51 条第四款明确了人民法院未履行相应义务的责任。规定如果受诉法院不接收起诉状、接收起诉状后未出具书面凭证，或者未一次性告知当事人起诉状应补正的内容，当事人可以向上级法院投诉，上级法院应当责令改正，并对直接负责的主管人员和其他直接责任人员依法给予处分。依据《人民法院审判纪律处分办法（实行）》第 22 条规定“违法法律规定，擅自对应当受理的案件不予受理，或者对不应当受理的案件违法受理，给予警告至记大过处分。私自受理案件的，给予记大过至撤职处分。因过失致使依法应当受理的案件未予受理，或者对不应当受理的案件违法受理，造成严重后果的，给予警告至记大过处分”。最高人民法院《人民法院审判人员违法审判责任追究办法（实行）》将违法受理纳入追究范围，其第 5 条规定：“违反法律规定，擅自对应当受理案件不予受理，或者对不应当受理的案件违法受理，或者私自受理案件的。因过失致使依法应当受理的案件不予受理，或者对不应当受理的案件违法受理，造成后果的。”第 32 条规定了违法审判的责任方式：“对责任人的追究，应当根据违法行为的具体情况确定：情节轻微的，责令有关负责人作出检查或者通报批评；情节较重，应当给予纪律处分的，依照《人民法院审判纪律处分办法（实行）》给予相应的纪律处分；有犯罪嫌疑的，移送有关私法部门依法处理。”

上述规定的“处分”虽属法院内部行政处分，但也能给法官造成某些负面影响。因而，对于法院侵害当事人起诉权的行为，能够起到一定的震慑作用，从而保障当事人的起诉权。

（三）贯彻落实司法救助制度和法律援助制度

司法救助制度，是指人民法院对向法院提起诉讼、经济确有困难的当事人实行诉讼费用的缓交、减交、免交的制度。在现代法治国家，当事人依法获得司法保护是一项宪法性权利，而保证经济确有困难者也能有机会平等地利用司法程序在本质上是一种国家责任。在国家实行“有偿诉讼”制度的情况下，为了确保经济确有困难的当事人能够行使起诉权，进行诉讼，保障其合法权益，应当建立并贯彻落实司法救助制度。国务院公布的 2007 年 4 月 1 日施行的《诉讼费用交纳办法》对司法救助做了较为详细的规定。

法律援助是指国家为了保证法律赋予公民的各项权利在现实生活中切实得以实现，对需要法律救济，但因经济困难无力支付法律服务费用的当事人以及某些特殊案件的当事人，提供免费法律服务，以保障其合法权益得以实现的一种法律保障制度。法律援助是政府的责任，由司法行政部门监督管理法律援助工作，并根据需要确定法律援助机构，律师协会对法律援助工作予以协助，社会团体、事业单位等社会组织可以利用自身资源为经济困难的公民提供法律援助。国务院制定的 2003 年 9 月 1 日施行的《法律援助条例》对法律援助进行了较为详细的规定。

在行政诉讼中，贫困虽不是当事人“起诉难”的原因，但从制度设计上来说，制度应当保障所有人的起诉权。对贫困的当事人，因经济能力无法实施起诉权的当事人，法院应当为其提供司法救助，不能因为经济能力的问题，使当事人无法行使起诉权。必要时，法院还可以将贫困当事人的信息转发给司法行政机关，建议司法行政机关为其提供法律援助，这都是保障贫困的当事人能够有效行使起诉权。让所有人都有接近司法、接近正义、平等地利用司法制度的机会。

第三节 修改后的行政起诉制度之评述

一 保障起诉权是《行政诉讼法》修改的重点之一

《行政诉讼法》（1989 年）是在计划经济时代制定的，当时对行政起诉无论是理论研究还是制度研究都不充分，随着政治、经济、社会和人民思想观念的变化发展，《行政诉讼法》（1989 年）规定的行政起诉制度已经不能满足当前人民群众遇到行政纠纷寻求司法救济的需要，人民群众对行政诉讼中存在的“起诉难”、“立案难”反应特别强烈。保障行政相对人的起诉权是 2014 年《行政诉讼法》修改的重点内容之一。

《行政诉讼法》（2014 年）将保障行政相对人起诉权上升到原则层面，在总则中增加了“保障起诉权”原则，同时规定了一项具体保障行政相对人起诉权的制度——登记立案制。

《行政诉讼法》（2014 年）第 3 条第一款明确规定“人民法院应当保障公民、法人和其他组织的起诉权利，对应当受理的行政案件依法受理”。

“保障公民、法人和其他组织的起诉权利”是指人民法院在受理当事人的起诉时，要使公民、法人和其他组织的起诉权利得到切实行使。①

公民、法人和其他组织的行政起诉权是否得到切实行使或有效保障的判断标准，笔者认为应当为当事人能够毫无障碍地、较方便地行

① 江必新主编：《中华人民共和国行政诉讼法理解适用与实务指南》，中国法制出版社 2015 年版，第 10 页。

使起诉权，不会因为当事人的文化程度不高、专业知识欠缺而让其行使起诉权感到不方便。《行政诉讼法》（2014 年）增加或修改了下列规定，体现了人民法院对行政相对人起诉权的保障，使得相对人行使起诉权更加方便。

1. 扩大了行政诉讼的受案范围。

《行政诉讼法》（2014 年）第 12 条增加了近年来社会中矛盾比较突出的对自然资源所有权或者使用权决定不服，对征收、征用及其补偿决定不服，对行政机关滥用行政权力排除或者限制竞争，要求支付最低生活保障待遇、社会保险待遇，以及实践中新出现的行政机关不依法履行、未按照约定履行或者违法变更、解除政府特许经营协议、土地房屋征收补偿协议等纳入了行政诉讼的受案范围。另外，第 53 条明确了国务院部门和地方人民政府及其部门制定的规范性文件人民法院可以附带审查。

2. 延长了起诉期限。

《行政诉讼法》（2014 年）第 46 条将原来提起行政诉讼 3 个月的起诉期限延长至 6 个月，使相对人有充足的时间与行政主体协商，考虑是否起诉，或者收集证据，为诉讼做比较充分的准备，使得当事人能更加有效地行使起诉权。

3. 允许可以口头起诉，规定法官对相对人行使起诉权有指导和释明义务。

《行政诉讼法》（2014 年）第 50 条规定的起诉方式增加了口头起诉的方式，当事人可以口头向法院说明起诉的内容，由法院负责记入笔录，然后向当事人出具注明日期的书面凭证。口头起诉的方式方便了文化程度较低、专业知识欠缺或书写困难的当事人行使起诉权，保障他们不会因为文化程度较低、专业知识欠缺或书写困难等自身原因不能写或无法写出符合法律的起诉状而妨碍其行使起诉权。

行政诉讼是一项非常专业的活动，而当事人一般不具有相应的专业知识，所提交的起诉状或诉讼材料难免会出现错误或不符合法律的要求。《行政诉讼法》（2014 年）第 51 条第二款规定起诉状内容欠缺或者有其他错误的，要求法院应当对当事人给予指导和释明，并一次性告知当事人需要补正的内容。法院不得未经指导和释明即以起诉不符合条件为由不接收当事人的起诉状。法官的指导和释明义务保障了欠缺专业知识的当事人也能自行行使起诉权，保障当事人不会因为不懂法律、不懂诉讼而被莫名其妙地阻挡在法院大门之外。

4. 确立了登记立案制，规范了法院的立案程序，设置了当事人起诉权行使受阻的救济途径。

在行政诉讼法修改过程中，为了遏制起诉阶段普遍存在的“不予立案、不接受起诉状、不出具法律文书”的现象，提高行政案件的立案率，理论界与实务界大多建议应当尽快确立立案登记制度。

中国共产党十八届四中全会通过的《中共中央关于全面推进依法治国若干重大问题的决定》明确指出，“改革法院案件受理制度，变立案审查制为立案登记制，对人民法院依法应该受理的案件，做到有案必立、有诉必理，保障当事人诉权”。《行政诉讼法》（2014 年）为了解决“起诉难”、“立案难”的问题，不仅在总则部分增加了保障起诉权原则，另一重大举措就是明确规定了登记立案制。《行政诉讼法》（2014 年）第 51 条第一款明确规定“人民法院在接到起诉状时对符合本法规定的起诉条件的，应当登记立案”。

2015 年 4 月 1 日，中央全面深化改革领导小组第十一次会议审议通过《关于人民法院推行立案登记制改革的意见》，从宏观上指导立案登记制的改革。2015 年 4 月 13 日，最高人民法院审判委员会第 1647 次会议通过《最高人民法院关于人民法院登记立案若干问题的规定》，从操作层面上明确登记立案的流程，具体包括民事、行政起诉状和刑事自诉状的书写基本要求，提出起诉、自诉应当提交材料的形式要求，登记立案的程序以及立案服务、对登记立案的监督等内容。2015 年 4 月 20 日，最高人民法院审判委员会第 1648 次会议通过法释（2015）9 号《最高人民法院关于适用〈中华人民共和国行政诉讼法〉若干问题的解释》（简称《行诉若干解释》（2015 年）第 1 条进一步细化了立案登记制，使立案登记制更具有操作性。

从上述规定来看，我国行政诉讼立案登记制包括下列内容：

（1）立案的程序

当事人向法院立案部门递交行政起诉状，人民法院对于行政起诉状，当场能够判断符合起诉条件的，应当当场登记立案。当场不能够判断是否符合起诉条件的，应当接收起诉状，向当事人出具注明收到日期的书面凭证，并在7日内决定是否立案。7日内仍不能作出判断的，应当先予立案。如果人民法院认为当事人的起诉不符合起诉条件，作出不予立案的裁定，裁定书应当载明不予立案的理由。

人民法院在审查起诉状时，发现起诉状的内容或提交的材料有欠缺或者有其他错误，法院应当向当事人进行指导和释明，并一次性全面告知当事人需要补正的内容、补充的材料及期限。在指定期限内当事人补正并符合起诉条件的，应当登记立案。当事人拒绝补正或者经补正仍不符合起诉条件的，法院裁定不予立案，并载明不予立案的理由。法院不得未经指导和释明即以起诉不符合条件为由不接收起诉状。

（2）当事人对法院不予立案不服的救济途径

法院认为当事人起诉不符合起诉条件的，作出不予立案的裁定，当事人对不予立案的裁定不服可以向上一级人民法院上诉。

（3）当事人对法院立案中的违法情形的救济途径

对于法院不接收起诉状、接收起诉状后不出具书面凭证，以及未一次性全面告知当事人需要补正的内容或材料的，当事人可以向上级人民法院投诉，上级人民法院应当责令改正，并对直接负责的主管人员和其他直接责任人员依法给予处分。

（4）当事人对法院消极立案的救济途径

人民法院既不立案，又不作出不予立案裁定的，当事人可以向上一级人民法院直接“飞跃”起诉。上一级人民法院认为符合起诉条件的，应当立案、审理，也可以指定其他下级人民法院立案、审理。

从上述规定来看，我国登记立案制不仅仅只是包括要求法院对符合起诉条件的案件应当当场立案，还包括登记立案制能顺利实施的配套保障措施。

二 《行政诉讼法》(2014年)增加的有关起诉权保护的规定之评述

《行政诉讼法》(2014年)增加的有关保护起诉权的规定从形式上基本保障了当事人能毫无障碍地较方便地行使起诉权。

第一,受案范围的扩大,规范性文件的附带审查实质上扩大了相对人权益受保护的范围,使得行政主体无论通过何种方式针对行政相对人作出的大部分行政行为,相对人都可以起诉或一并起诉,相对人起诉时不必过多考虑被诉行为是否属于行政诉讼的受案范围这一专业性特别强的问题。这使得当事人行使起诉权更加方便。

第二,起诉期限的延长使当事人有充足的时间与行政主体协商,考虑是否起诉,或者收集证据,为诉讼做比较充分的准备,使得当事人能更加有效地行使起诉权。

第三,口头起诉方便了书写困难的当事人行使起诉权。口头起诉适用于当事人书写起诉状确有困难,此与我国台湾地区行政诉讼口头起诉以适用简易诉讼程序为条件有所不同。与《民事诉讼法》(2012年)第120条相比,唯一区别在于《行政诉讼法》(2014年)第50条规定对当事人的口头起诉,人民法院除了记入笔录外,还应"出具注明日期的书面凭证",主要是为了方便当事人对侵害起诉权的行为提起上诉、申诉或投诉。至于起诉状应记载的内容,《行政诉讼法》(2014年)并未涉及,《最高人民法院关于人民法院登记立案若干问题的规定》第四条明确了起诉状应当记明的事项。

第四,登记立案制使法院的立案程序更加规范。登记立案制要求人民法院在接到起诉状时当场予以登记,并出具注明日期的书面凭证。如果人民法院不出具注明日期的接收起诉状的书面凭证,司法实践中,当事人如何指证受诉法院在7日内既未立案,又未作出不予受理的裁定呢?因此,该书面凭证是当事人的起诉权受到侵害后寻求救济的有力保障。遗憾的是,此处登记并不会产生受理立案的法律效力,此处登记仅仅证明当事人存在曾向法院起诉这一行为。

第五,起诉权受侵害的救济途径更具有操作性。《行政诉讼法》

（2014 年）用法律形式正式将《行诉若干解释》第 32 条和《最高人民法院关于行政案件管辖若干问题的规定》第 3 条的规定确定下来。如果原告起诉符合条件，人民法院应当在接到起诉状或者口头起诉之日起 7 日内立案，并通知当事人；如果起诉不符合起诉条件，应当在 7 日内作出不予受理的书面裁定。裁定书应当载明不予受理的理由。原告对裁定不服的，可以提起上诉。如果人民法院在 7 日内既不立案，又不作出裁定书，当事人可以向上一级人民法院起诉。上一级人民法院认为符合起诉条件的，应当立案、审理，也可以指定其他下级人民法院立案、审理。该规定比《行政诉讼法》（1989 年）具有可操作性。

第六，明确了人民法院未履行相应义务的责任，促使法院对应当受理的案件依法受理。《行政诉讼法》（2014 年）第 51 条第四款规定如果受诉法院不接收起诉状、接收起诉状后未出具书面凭证，或者未一次性告知当事人起诉状应补正的内容，当事人可以向上级法院投诉，上级法院应当责令改正，并对直接负责的主管人员和其他直接责任人员依法给予处分。此条规定的“处分”虽属法院内部行政处分，但也能给法官造成某些负面影响。因而，对于法院侵害当事人起诉权的行为，能够起到一定的震慑作用，从而保障当事人的起诉权。

遗憾的是，《行政诉讼法》（2014 年）规定的立案程序中仍然缺少当事人的参与程序。《行政诉讼法》（2014 年）第 51 条第二款要求法院对不符合起诉条件的起诉必须作出不予受理的书面裁定，且裁定书应当载明不予受理的理由，从而将不予受理的结果及理由予以公开，但是整个立案审查的过程却是非公开的。法院在对起诉条件进行审查时，尤其是在对某些诉讼要件进行审查时，当事人仍然没有陈述意见的机会。虽然《行政诉讼法》（2014 年）第 51 条第三款增加了法官在立案审查阶段有释明与告知义务，但法官的释明与告知义务仅针对起诉状的内容存在欠缺或者有其他错误的情况，法官在履行释明、告知义务时与当事人的交谈和给予当事人就起诉是否符合起诉条件进行陈述、申辩不能相提并论。

《行政诉讼法》（2014 年）第 51 条、第 52 条还增加了一些对行政起诉权进行救济的措施，但不论是对不予受理的裁定不服提起上诉，还是对法院立案不作为向上一级法院起诉，抑或对受诉法院未履行相关义务向上级法院投诉等程序中，当事人还是没有就自己起诉是否符合起诉条件陈述意见的机会。上述程序中都是法院依职权单方面进行的。参与诉讼结果的证成过程，是正当程序原则的基本要求，法院对当事人的起诉权作出如此重大的处理结果，没有当事人参与，显然有违正当程序原则。立案审查过程的行政化、单方性、非公开性，很容易导致法官恣意、滥用职权、腐败滋生等问题出现。

结　语

本书从实际运行和制度规定两个方面来论证行政诉讼存在“起诉难”。一方面是我国行政起诉制度本身不科学、不合理，尤其是起诉条件“高阶化”，实行立案审查制，给当事人行使起诉权制造了障碍。另一方面，司法实践中，法院在受理行政诉讼时，存在“选择性立案”的情况。笔者建议，在行政诉讼制度层面，在行政审判权的能力范围内尽量科学合理地设置行政起诉制度来保障当事人的起诉权。至于司法实践中的选择性立案，对于立案时间的选择，加强监督，一方面可以向上级法院直接起诉或申诉，另一方面可以向检察院进行申诉。对于立案地域上的选择，可以通过最高院发布指导性案例，统一全国对同类案件的受理。对于立案类型上的选择，确立行政内救济先行原则，将不属于行政审判权处理的事项尽量交给行政机关处理，法院对于欠缺诉讼要件又不能补正的情况，要大胆地适用驳回起诉裁定。

本书落脚点在于行政起诉制度的完善，至于要真正解决“起诉难”、“立案难”问题，除了行政起诉制度自身的完善，还有赖于司法外部环境的完善与优化，这是一个远远超出行政诉讼制度的课题。故笔者并未关照太多制度之外的内容。在行政起诉制度的完善中，笔者重点讨论的是起诉与受理规则的完善，对于法院侵犯当事人起诉权的责任追究的问题，并未着太多笔墨。因为当前这类制度的实施无疑会给行政审判工作雪上加霜。本书研究还存在诸多不足，书中有些观点还需要推敲，有些论述还不成熟、不周全，有些问题还需要进一步查证。比如，在介绍域外行政起诉制度时，域外是否有对侵害行政起诉权的救济制度，笔者暂时还没有足够的资料去考察。

“起诉难”实际上是行政诉讼制度陷入困境的一个缩影。行政诉讼制度实施陷入困境既有制度上的原因，也有制度外的原因，既有法院外部的原因，也有法院自身的原因，既有客观原因，也有法院主观上的原因，是各种因素相互交织，相互影响产生的结果。在这些因素中，制度本身的问题所占权重实际上并不大。“起诉难”从一个侧面反映了许多行政纠纷的解决已经超出我国法院现有的能力，这个问题从根本上反映的是我国目前没有有效的公众参与的监督行政权、制约行政权的机制，致使行政相对人在行政纠纷中的权益没有有效的途径进行救济。从世界范围来看，行政诉讼从来就不是解决行政纠纷、救济行政相对人权益“主力军”。司法只是纠纷解决的最后一道防线，不是第一道防线，也不是主要防线。司法只能最终定争止纷，并不意味着能够满足当事人的权益要求。我们不能赋予行政诉讼太多超出其能力范围、其不可能完成的任务。在我国，司法权威尚在树立中，将所有的行政纠纷都寄希望于司法来解决，不现实，也不可能。解铃还须系铃人，行政相对人在行政纠纷中的权益最终需要行政机关来解决，行政相对人权益的最有效的救济途径应是行政系统内部的救济途径，我们需要的是有效的制约、监督行政机关的机制来促使行政机关救济行政相对人的合法权益。这也是笔者继续研究的方向。本书是笔者申请的2012年教育部人文社会科学青年基金项目《行政诉讼起诉制度研究》的最终成果。继此项目之后，笔者又申请到了2016年国家社科基金一般项目《我国行政诉讼立案登记制良性运行研究》，本课题的研究对象为我国行政诉讼立案登记制的良性运行问题。立案登记制的良性运行依赖于制度本身的进化与外部环境优化的结合。此课题研究对象的实质是如何有效地整合行政纠纷解决机制，使进入行政诉讼的案件数量趋于合理，设置相关诉讼制度，使案件在诉讼制度内能正常有序地流转。

当然，行政诉讼“制度先行”的做法是有意义的。历史的车轮总是不断前进的，先构建完善的制度，随着经济的发展、政治体制的改革、人民群众权利意识的增强，这些制度最终会得到落实的。

参考文献

（一）中文著作

1. 白绿铉：《美国民事诉讼法》，经济日报出版社 1996 年版。

2. 蔡彦敏：《民事诉讼主体论》，广东人民出版社 2001 年版。

3. 蔡志方：《行政救济与行政法学》（一）（二）（三），三民书局 1998 年版。

4. 蔡志方：《行政救济法新论》，台湾元照出版公司 2000 年版。

5. 常怡主编：《民事诉讼法学》，中国政法大学出版社 2008 年版。

6. 陈桂明：《诉讼公正与程序保障》，中国法制出版社 1996 年版。

7. 陈桂明：《程序理念与程序规则》，中国法制出版社 1999 年版。

8. 陈桂明主编：《民事诉讼法》，中国人民大学出版社 2000 年版。

9. 陈计男：《民事诉讼法释论》，台湾三民书局 2000 年版。

10. 陈计男：《民事诉讼法论》，台湾三民书局股份有限公司 2002 年版。

11. 陈清秀：《行政诉讼法》，台湾翰芦图书出版有限公司 1999 年版。

12. 陈新民：《行政法学总论》（修订第六版），台湾三民书局 1997 年版。

13. 城仲模:《行政法之基础理论》,台湾三民书局 1994 年版。

14. 池强主编:《民事立案、调解与再审实务研究》,法律出版社 2007 年版。

15. 崔峰:《敞开司法之门——民事起诉制度研究》,中国政法大学出版社 2005 年版。

16. 甘文:《行政诉讼法司法解释之评论——理由、观点与问题》,中国法制出版社 2000 年版。

17. 郝明金:《行政行为可诉性研究》,中国人民公安大学出版社 2005 年版。

18. 何海波:《行政诉讼法》,法律出版社 2011 年版。

19. 贺卫方:《司法的理念与制度》,中国政法大学出版社 1998 年版。

20. 胡建淼:《十国行政法——比较研究》,中国政法大学出版社 1993 年版。

21. 胡建淼主编:《行政诉讼法修改研究——〈中华人民共和国行政诉讼法〉法条建议及理由》,浙江大学出版社 2007 年版。

22. 胡肖华主编:《权利与权力的博弈——行政诉讼法修改纵横谈》,中国法制出版社 2004 年版。

23. 黄学贤、杨海坤:《新编行政诉讼法学》,中国人事出版社 2001 年版。

24. 纪敏:《法院立案工作及改革探索》,中国政法大学出版社 2000 年版。

25. 季卫东:《法治秩序的建构》,中国政法大学出版社 1999 年版。

26. 季卫东:《法律程序的意义——对中国法制建设的另一种思考》,中国法制出版社 2004 年版。

27. 江必新、梁凤云:《行政诉讼法理论与实务》(第二版),北京大学出版社 2011 年版。

28. 江必新、梁凤云:《行政诉讼法理论与实务》(第三版),法律出版社 2016 年版。

29. 江必新、梁凤云：《最高人民法院新行政诉讼法司法解释理解与适用》，中国法制出版社 2015 年版。

30. 江必新：《行政诉讼法——疑难问题探讨》，北京师范学院出版社 1991 年版。

31. 江必新主编：《中华人民共和国行政诉讼法理解适用与实务指南》，中国法制出版社 2015 年版。

32. 江利红：《日本行政诉讼法》，知识产权出版社 2008 年版。

33. 江伟、邵明、陈刚：《民事诉权研究》，法律出版社 2005 年版。

34. 江伟主编：《〈中华人民共和国民事诉讼法〉修改建议稿（第三稿）及立法理由》，人民法院出版社 2005 年版。

35. 江伟主编、孙邦清副主编：《民事诉讼法典专家修改建议稿及立法理由》，法律出版社 2008 年版。

36. 江伟主编：《民事诉讼法学原理》，中国人民大学出版社 1999 年版。

37. 江伟主编：《民事诉讼法》（第六版），中国人民大学出版社 2013 年版。

38. 姜明安：《行政诉讼法学》，法律出版社 2007 年版。

39. 姜明安主编：《行政法与行政诉讼法》（第六版），北京大学出版社、高等教育出版社 2015 年版。

40. 姜启波、李玉林主编：《案件受理》，人民法院出版社 2008 年版。

41. 姜启波等编：《立案工作法律法规及司法解释精选》，人民法院出版社 2008 年版。

42. 柯友阳：《起诉权研究：以解决“起诉难”为中心》，北京大学出版社 2012 年版。

43. 孔繁华：《行政诉讼性质研究》，人民出版社 2011 年版。

44. 林莉红：《中国行政救济理论与实务》，武汉大学出版社 2000 年版。

45. 林莉红：《行政诉讼法学》（第三版），武汉大学出版社 2009

年版。

46. 林莉红主编：《亚洲六国公益诉讼考察报告》，中国社会科学出版社 2010 年版。

47. 林莉红主编：《行政法治的理想与现实》，北京大学出版社 2014 年版。

48. 林明锵、蔡茂寅主编：《行政法实务与理论》（二），台湾元照出版公司 2006 年版。

49. 林腾鹞：《行政诉讼法》（增订三版），台湾三民书局 2009 年版。

50. 刘敏：《裁判请求权研究——民事诉讼的宪法理念》，中国人民大学出版社 2003 年版。

51. 刘泽君：《合理与现实——社会学基本理论》，学苑出版社 1998 年版。

52. 马怀德主编：《司法改革与行政诉讼制度的完善——行政诉讼法修改建议稿及理由说明书》，中国政法大学出版社 2004 年版。

53. 马怀德主编：《行政诉讼原理》（第二版），法律出版社 2009 年版。

54. 潘剑锋：《民事诉讼原理》，北京大学出版社 2001 年版。

55. 齐树洁主编：《英国民事司法改革》，北京大学出版社 2004 年版。

56. 齐树洁主编：《英国司法制度》，厦门大学出版社 2007 年版。

57. 邱联恭：《司法之现代化与程序法》，台湾三民书局股份有限公司 2001 年版。

58. 邱联恭：《程序制度机能论》，台湾三民书局股份有限公司 2002 年版。

59. 全国人大常委会法制工作委员会民法室编：《中华人民共和国民事诉讼法条文说明、立法理由及相关规定》，北京大学出版社 2007 年版。

60. 任瑞兴：《在价值与技术之间：一种诉权的法理学分析》，法律出版社 2010 年版。

61. 邵建东主编：《德国司法制度》，厦门大学出版社 2010 年版。

62. 邵明：《民事诉讼法理研究》，中国人民大学出版社 2004 年版。

63. 沈达明编著：《比较民事诉讼法初论》，中国法制出版社 2002 年版。

64. 沈德咏主编：《立案工作理论与实务研究》，人民法院出版社 2003 年版。

65. 沈福俊：《中国行政救济程序论》，北京大学出版社 2008 年版。

66. 沈冠伶：《诉讼权保障与裁判外纷争处理》，北京大学出版社 2008 年版。

67. 苏泽林主编：《立案工作指导》（2009 年第 1 辑，总第 20 辑），人民法院出版社 2009 年版。

68. 孙琬钟、江必新主编：《行政管理相对人的权益保护》，人民法院出版社 2003 年版。

69. 汤维建主编：《外国民事诉讼法学研究》，中国人民大学出版社 2007 年版。

70. 王甲乙、杨建华、郑健才：《民事诉讼法新论》，台湾三民书局股份有限公司 2002 年版。

71. 王名扬：《英国行政法》，中国政法大学出版社 1987 年版。

72. 王名扬：《法国行政法》，中国政法大学出版社 1989 年版。

73. 王名扬：《美国行政法》，中国法制出版社 1995 年版。

74. 王名扬主编：《外国行政诉讼制度》，人民法院出版社 1991 年版。

75. 汪庆华：《政治中的司法：中国行政诉讼的法律社会学考察》，清华大学出版社 2011 年版。

76. 王亚新：《对抗与判定——日本民事诉讼的基本结构》，清华大学出版社 2002 年版。

77. 翁岳生：《法治国家之行政法与司法》，台湾元照出版有限公司 2009 年版。

78. 翁岳生主编：《（台湾地区）行政诉讼法逐条释义》，台湾五南图书出版公司 2002 年版。

79. 翁岳生主编：《行政法》（上、下），中国法制出版社 2002 年版。

80. 吴庚：《行政法之理论与实用》，中国人民大学出版社 2005 年版。

81. 吴庚：《行政争讼法论》，台湾三民书局 1999 年版。

82. 吴华：《行政诉讼类型研究》，中国人民公安大学出版社 2006 年版。

83. 吴偕林：《中国行政诉讼制度研究》，人民法院出版社 2003 年版。

84. 吴越编著：《英国行政法》，中国政法大学出版社 2004 年版。

85. 相庆梅：《从逻辑到经验——民事诉权的一种分析框架》，法律出版社 2008 年版。

86. 谢荣堂：《社会法治国基础问题与权利救济》，台湾元照出版有限公司 2008 年版。

87. 熊先觉主编：《中国行政诉讼法教程》，中国政法大学出版社 1988 年版。

88. 徐亚文：《程序正义论》，山东人民出版社 2004 年版。

89. 许士宦：《程序保障与阐明义务》，台湾新学林出版股份有限公司 2006 年版。

90. 许宗立：《法与国家权力》（增订二版），台湾月旦出版公司 1993 年版。

91. 薛波主编：《元照英美法词典》，法律出版社 2003 年版。

92. 薛刚凌：《行政诉权研究》，华文出版社 1999 年版。

93. 薛刚凌主编：《外国及港澳台行政诉讼制度》，北京大学出版社 2006 年版。

94. 杨建顺：《日本行政法通论》，中国法制出版社 1998 年版。

95. 杨力：《司法多边主义——以中国社会阶层化发展趋势为主线》，法律出版社 2010 年版。

96. 杨伟东：《行政行为司法审查强度研究——行政审判权纵向范围分析》，中国人民大学出版社 2003 年版。

97. 叶百修、吴绮云：《行政撤销诉讼之研究》，司法院印行 1990 年版。

98. 叶必丰：《行政法的人文精神》，湖北人民出版社 1999 年版。

99. 叶必丰：《行政法学》，武汉大学出版社 2003 年版。

100. 易有禄：《正当立法程序研究——以立法权正当行使的程序控制为视角》，中国社会科学出版社 2009 年版。

101. 应松年主编：《行政诉讼法学》，中国政法大学出版社 1994 年版。

102. 于安：《德国行政法》，清华大学出版社 1997 年版。

103. 袁杰主编：《中华人民共和国行政诉讼法解读》，中国法制出版社 2014 年版。

104. 章剑生：《行政诉讼法基本理论》，中国人事出版社 1998 年版。

105. 张名实：《立案导读》，法律出版社 1999 年版。

106. 张尚鷟主编：《走出低谷的中国行政法学》，中国政法大学出版社 1991 年版。

107. 张树义：《冲突与选择——行政诉讼的理论与实践》，时事出版社 1992 年版。

108. 张树义：《行政法与行政诉讼法学》，高等教育出版社 2002 年版。

109. 张卫平、陈刚：《法国民事诉讼法导论》，中国政法大学出版社 1997 年版。

110. 张卫平、齐树洁主编：《司法改革论评》（第五辑），厦门大学出版社 2007 年版。

111. 张卫平：《民事诉讼法》，中国人民大学出版社 2011 年版。

112. 张卫平主编：《民事程序法研究》（第一辑），中国法制出版社 2004 年版。

113. 张文显：《法学基本范畴研究》，中国政法大学出版社 1993

年版。

114. 张文显主编：《马克思主义法理学——理论、方法和前沿》，高等教育出版社 2003 年版。

115. 张文郁：《权利与救济——实体与程序权利之关系》，台湾元照出版公司 2008 年版。

116. 张文郁：《权利与救济（二）——实体与程序之关联》，台湾元照出版社 2008 年版。

117. 张正钊、韩大元主编：《比较行政法》，中国人民大学出版社 1998 年版。

118. 章志远：《行政诉讼类型构造研究》，法律出版社 2008 年版。

119. 赵钢、占善刚、刘学在：《民事诉讼法》（第二版），武汉大学出版社 2010 年版。

120. 赵钢：《民事诉讼法学专题研究（一）》，中国政法大学出版社 2006 年版。

121. 赵清林：《行政诉讼类型研究》，法律出版社 2008 年版。

122. 周叶中：《宪法》，高等教育出版社、北京大学出版社 2000 年版。

123. 周佑勇：《行政法基本原则研究》，武汉大学出版社 2005 年版。

124. 周佑勇：《行政法原论》（第二版），中国方正出版社 2005 年版。

125. 朱新力：《司法审查的基准》，法律出版社 2005 年版。

126. 左卫民：《诉讼权研究》，法律出版社 2003 年版。

127. 最高人民检察院法律政策研究室编著：《民事诉讼法修改研究综述》，吉林人民出版社 2006 年版。

（二）中文译著

1. ［奥］凯尔森：《法与国家的一般理论》，沈宗灵译，中国大百科全书出版社 1996 年版。

2. [德] 奥特马·尧厄尼希：《民事诉讼法》（第 27 版），周翠译，法律出版社 2003 年版。

3. [德] 狄特·克罗林庚：《德国民事诉讼法律与实务》，刘汉富译，法律出版社 2000 年版。

4. [德] 弗里德赫尔穆·胡芬：《行政诉讼法》，莫光华译，法律出版社 2003 年版。

5. [德] 哈特穆特·毛雷尔：《行政法学总论》，高家伟译，法律出版社 2000 年版。

6. [德] 汉斯·J. 沃尔夫、奥托·巴霍夫、罗尔夫·施托贝尔：《行政法》，高家伟译，商务印书馆 2002 年版。

7. [德] 汉斯·约阿希姆·穆泽拉克：《德国民事诉讼基础教程》，周翠译，中国政法大学出版社 2005 年版。

8. [德] 罗森贝克、施瓦布、戈特瓦尔德：《德国民事诉讼法》（上、下），李大雪译，中国法制出版社 2007 年版。

9. [德] 平特纳：《德国普通行政法》，朱林译，中国政法大学出版社 1999 年版。

10. [法] 让·文森、塞尔日·金沙尔：《法国民事诉讼法要义》，罗结珍译，中国法制出版社 2001 年版。

11. [美] 庞德：《通过法律的社会控制：法律的任务》，沈宗灵、董世忠译，商务印书馆 1984 年版。

12. [美] H. W. 埃尔曼：《比较法律文化》，贺卫方、高鸿钧译，清华大学出版社 2002 年版。

13. [美] 伯纳德·施瓦茨：《行政法》，徐炳译，群众出版社 1986 年版。

14. [美] 伯纳德·施瓦茨：《美国法律史》，王军等译，中国政法大学出版社 1990 年版。

15. [美] 博登海默：《法理学：法律哲学与法律方法》，邓正来译，中国政法大学出版社 2004 年版。

16. [美] 德沃金：《法律帝国》，李常青译，中国大百科全书出版社 1996 年版。

17. ［美］德沃金：《认真对待权利》，信春鹰、吴玉章等译，中国大百科全书出版社 1998 年版。

18. ［美］理查德·波斯纳：《法律的经济分析》，蒋兆康译，中国大百科全书出版社 1997 年版。

19. ［美］罗尔斯：《正义论》，何怀冰等译，中国大百科全书出版社 2005 年版。

20. ［美］斯蒂文·N. 苏本、马莎·L. 米卢、马克·N. 布诺丁、托马斯·O. 梅菌：《民事诉讼法——原理、实务与运作环境》，傅郁林等译，中国政法大学出版社 2004 年版。

21. ［日］高桥宏志：《民事诉讼法——制度与理论的深层分析》，林剑锋译，法律出版社 2003 年版。

22. ［日］高桥宏志：《重点讲义民事诉讼法》，张卫平、许可译，法律出版社 2007 年版。

23. ［日］谷口安平：《程序的正义与诉讼》，王亚新、刘荣军译，中国政法大学出版社 1996 年版。

24. ［日］兼子一、竹下守夫：《民事诉讼法》，白绿铉译，法律出版社 1995 年版。

25. ［日］棚濑孝雄：《纠纷的解决与审判制度》，王亚新译，中国政法大学出版社 2004 年版。

26. ［日］室井力：《日本现代行政法》，吴微译，中国政法大学出版社 1995 年版。

27. ［日］小岛武司、伊藤真主编：《诉讼外纠纷解决法》，丁婕译，中国政法大学出版社 2005 年版。

28. ［日］小岛武司：《诉讼制度改革的法理与实证》，陈刚、郭美松等译，法律出版社 2001 年版。

29. ［日］小岛武司等：《司法制度的历史与未来》，汪祖兴译，法律出版社 2000 年版。

30. ［日］盐野宏：《行政法》，杨建顺译，法律出版社 1999 年版。

31. ［意］莫诺·卡佩莱蒂等：《当事人基本程序保障权与未来

的民事诉讼》，徐昕译，法律出版社 2000 年版。

32. ［意］桑德罗·斯奇巴尼选编：《司法管辖权·审判·诉讼》，黄风译，中国政法大学出版社 1992 年版。

33. ［印］M. P. 赛夫：《德国行政法——普通法的分析》，周伟译，台湾五南图书出版公司 1991 年版。

34. ［英］A. J. M. 米尔恩：《人的权利与人的多样性》，夏勇、张志铭译，中国大百科全书出版社 1995 年版。

35. ［英］P. H. Kollin 编著：《英汉双解法律词典》，陈庆柏、王景仙译，世界图书出版公司 1998 年版。

36. ［英］阿德里安·A. S. 朱克曼主编：《危机中的民事司法——民事诉讼程序的比较视角》，傅郁林等译，中国政法大学出版社 2005 年版。

37. ［英］丹宁：《法律的正当程序》，李克强、杨百揆、刘庸安译，法律出版社 1999 年版。

38. ［英］彼得·斯坦、约翰·香德：《西方社会的法律价值》，中国法制出版社 2004 年版。

39. ［英］威廉·韦德：《行政法》，徐炳等译，中国大百科全书出版社 1997 年版。

40. ［英］休谟：《人性论》，关文运译，商务印书馆 1980 年版。

41. 《德意志联邦共和国民事诉讼法》，谢怀栻译，中国法制出版社 2002 年版。

42. 《俄罗斯联邦民事诉讼法典》（第一版），黄道秀译，中国人民公安大学出版社 2003 年版。

43. 《法国新民事诉讼法》，罗结珍译，中国法制出版社 1999 年版。

44. 《法国新民事诉讼法典（上、下）》（附判例解释），罗结珍译，法律出版社 2008 年版。

45. 《日本新民事诉讼法》，白绿铉编译，中国法制出版社 2000 年版。

46. 《英国民事诉讼规则》（2000 年 8 月更新版），徐昕译，中国法制出版社 2001 年版。

（三）外文著作

1. Alfred C. Aman, Jr. and William T. Mayton, Administrative Law, West Publishing Co. , 2001.

2. Black's, Law Dictionary, 6th, 1990.

3. Ceeil J. NorthⅢ, NLRB: The Res Judicata Effect of Representation Proceedings in Subsequent Technical 8 (a) (5) Actions, 51Alb.L.Rev, 1986.

4. George A. Martine, The Res Judicata Effect of Bankruptcy Court Judgments: The Procedural And Constitutional Concerns, 62Mo. L. Rev, 1997.

5. Gregory Gerald, Patent Law: The Res Judicata effect of Consent Decrees in Patent Litgation-Lear, Inc. v, Adkins Takes A Back Seat Foster v. Halloc Mfg. Co, 18U. Dayton L. Rev, 1992.

6. Harvard Law Review Association, Developments in the Law Res Judicata, 65 Hary. L. Rev, 1952.

7. Jaek H. Friedenthal, Mary Kay Kane and Arthur R. Miller, Civil Procedure (Third Edition), West Group, St. Paul, Minn, 1999.

8. John Rawls, A Theory of Justice, Cambridge, Massachusetts: The Belknap Press of Harvard University Press, 1999.

9. John Rawls, Political Liberalism, New York: Columbia University Press, 1996.

10. Joseph W. Glannon, Civil Procedure examples and explanation (Second edition), Little Brown and Company, 1992.

11. Kent Sinlain Jr., Federal Civil Practice, Practising Law lnstitute, 1980.

12. Louis L. Jaffe, Judicial Control of Administrive Action, Little, Brown and Company, 1965.

13. Michael A. Ritscherete, The Status of Dual Path Litigation in the ITC and the Courts: Issues of jurisdiction, Res Judicata and Appellate Review, 1990.

14. P. P. Craig, Administrative Law, Sweet & Maxwell, 1999.

15. R. Jason Richards, Richards v. Jefferson County: The Supreme Court Stems The Crimson Tide of Res Judicata, 38 Santa Clara L. Rev, 1998.

16. Riehard D. Freer, Wendy Collins Perdue, Civil Procedure—Cases, Materials, and Questions (Second Edition), Anderson Publishing Co, 1997.

17. Robert C. Cased, Kevin M. Clermont: Res Judicata: A Handbook on Its Theory, Doctrine, and Practice. Durham: Carolina Academic Press, 2001.

18. S. M. Thio, Locus Standi and Judicial Review, SingaPore University Press, 1971.

19. Thomas A. Mauet, Pretrial, 第五版, 北京: 中信出版社, 2003 年版。

(四) 论文

1. 毕玉谦:《对我国现行民诉法有关起诉条件的审视与建议》, 载《人民法院报》2007 年 11 月 6 日第 6 版。

2. 毕玉谦:《民事诉讼起诉要件与诉讼系属之间关系的定位》, 载《华东政法学院学报》2006 年第 4 期。

3. 蔡小雪:《完善行政诉讼起诉与受理制度之构想》, 载最高人民法院行政庭编:《行政执法与行政审判》, 法律出版社 2005 年版, 总第 14 辑。

4. 曾进:《通往和谐之路的必经之门——对我国民事诉讼受理范围的反思》, 载张卫平、齐树洁主编:《司法改革论评》(第五辑), 厦门大学出版社 2007 年版。

5. 陈端洪:《排他性与他者化: 中国农村"外嫁女"案件的财产权分析》, 载《北大法律评论》第 5 卷第 2 辑, 法律出版社 2004 年版。

6. 陈桂明:《论程序形成权》, 载《法律科学》2006 年第 6 期。

7. 陈洪杰：《司法改革与诉权保障》，载张卫平、齐树洁主编：《司法改革论评》（第五辑），厦门大学出版社2007年版。

8. 陈启垂：《诉讼要件与诉讼障碍》，载《月旦法学教室》2003年第13期。

9. 陈启垂：《重复起诉的效果》，载《月旦法学教室》2004年第19期。

10. 陈瑞华：《通过法律实现程序正义——萨默斯“程序价值”理论评析》，载《北大法律评论》第1卷第1辑，法律出版社1998年版。

11. 陈小君、方世荣：《具体行政行为几个疑难问题的识别研析》，载《中国法学》1996年第1期。

12. 崔卓兰：《论确立行政法中公民与政府的平等关系》，载《中国法学》1995年第4期。

13. 戴晨逸：《重复起诉问题探究》，载《东南大学学报（哲学社会科学版）》2009年S2期（第11卷增刊）。

14. 邓志伟、秦飞雁：《畅通诉求与机制改革——对民事立案工作机制的若干思考》，载《人民司法·应用》2009年第19期。

15. 冯举：《民事起诉制度的反思与重构》，载《研究生法学》2006年第1期。

16. 冯珂：《诉讼要件与我国民事起诉条件研究》，载《研究生法学》2006年第5期。

17. 高家伟：《论行政诉权》，载《政法论坛》1998年第1期。

18. 郭磊：《民事起诉证据之我见——原告起诉时无须提供作为诉求基础事实理由之证据材料》，载《人民法院报》2006年10月9日第5版。

19. 何海波：《行政诉讼撤诉考》，载《中外法学》2001年第2期。

20. 侯猛：《最高法院公共政策的运作：权力策略与信息选择》，载《北大法律评论》第7卷第1辑，北京大学出版社2006年版。

21. 胡亚球：《论民事起诉证据》，载《法学》1998年第11期。

22. 胡肖华：《行政诉讼目的论》，载《中国法学》2001 年第 6 期。

23. 胡玉鸿：《论行政审判权的政治性》，载《法学》2004 年第 5 期。

24. 季卫东：《程序比较论》，载《比较法研究》1993 年第 1 期。

25. 季卫东：《中国：通过法治迈向民主》，载《战略与管理》1998 年第 4 期。

26. 江必新：《论行政案件的受理标准》，载《法学》2009 年第 6 期。

27. 江必新：《在法律之内寻求社会效果》，载《中国法学》2009 年第 3 期。

28. 江必新：《新形势下行政审判工作面临的挑战及应对》，载最高人民法院行政审判庭编：《行政执法与行政审判》，法律出版社 2007 年版，总第 5 辑。

29. 姜启波：《行政案件审查起诉中的几个问题》，载最高人民法院立案庭编：《立案工作指导》，人民法院出版社 2004 年版，第 1 辑。

30. 姜启波：《人民法院立案审查制度的必要性与合理性》，载黄松有主编：《民事诉讼论坛》第 1 卷，知识产权出版社 2006 年版。

31. 姜世明：《诉讼要件之审查次序》，载《月旦法学教室》2003 年第 12 期。

32. 孔繁华：《行政诉权的法律形态及其实现路径——兼评最高人民法院法发［2009］54 号文件》，载《法学评论》2011 年第 1 期。

33. 李国光：《在全国法院行政审判工作会议上的讲话（2003 年 2 月 13 日）》，载最高人民法院行政审判庭编：《行政执法与行政审判》，法律出版社 2003 年版，总第 5 辑。

34. 李季：《行政诉讼起诉条件几个问题之我见》，载《政法论坛》1996 年第 3 期。

35. 李季：《行政诉讼起诉条件之我见》，载《人民司法》1996 年第 5 期。

36. 李喜莲：《我国民事立案审查程序之完善》，载《湘潭大学学报（哲学社会科学版）》2010 年第 2 期。

37. 李湘刚：《论完整意义上的公民行政诉权的构建》，载《政治与法律》2011 年第 6 期。

38. 李卓：《和谐社会视野下诉权保护问题研究——兼论社会纠纷的司法救济途径》，载《辽宁法治研究》2006 年第 1 期。

39. 林莉红：《世纪之交的中国法学——我国的行政诉讼法的研究状况及其发展趋势》，载《法学评论》1998 年第 3 期。

40. 林莉红：《法社会学视野下的中国公益诉讼》，载《学习与探索》2008 年第 1 期。

41. 林莉红：《论行政诉讼中的协调——兼评诉讼调解》，载《法学论坛》2010 年第 25 期。

42. 刘敏：《我国起诉受理制度的检讨与重构——以保障裁判请求权为目的的考察》，载陈光中主编：《诉讼法理论与实践》（下），中国政法大学出版社 2003 年版。

43. 刘敏：《论司法为民的实质——从裁判请求权与审判权的关系着手考察》，载《法律适用》2005 年第 3 期。

44. 刘学在：《略论民事诉讼中的诉讼系属》，载《法学评论》2002 年第 6 期。

45. 龙宗智：《关于“大调解”和“能动司法”的思考》，载《政法论坛》2010 年第 4 期。

46. 骆永家：《重复起诉之禁止》，载《月旦法学教室》2002 年第 2 期。

47. 苗连营、仪喜峰：《行政法理论基础比较研究》，载《当代法学》2004 年第 1 期。

48. 蒲菊花：《审查起诉基本问题研究》，载郑孟状主编：《法苑纵横》第 1 卷，人民法院出版社 2002 年版。

49. 单国军：《检察机关民事起诉权的法理分析》，载《国家检察官学院学报》2006 年第 3 期。

50. 邵俊武：《关于起诉权保护的思考》，载陈光中主编：《诉讼法理论与实践》（下），中国政法大学出版社 2003 年版。

51. 史晓娟：《民事诉讼受理制度刍议》，载《南方论刊》2008年第2期。

52. 宋朝武：《民事诉讼受理制度改造的理性视角》，载《法学论坛》2007年第3期。

53. 宋旭明、叶榅平：《罗马法诉权概念之审思——基于文本与逻辑的视角》，载《法学评论》2009年第4期。

54. 苏力：《关于能动司法与大调解》，载《中国法学》2010年第1期。

55. 汤维建：《恶意诉讼及其防治》，载陈光中主编：《诉讼法理论与实践》（下），中国政法大学出版社2003年版。

56. 汤维建：《论司法公正的保障机制及其改革》，载《河南省政法管理干部学院学报》2004年第6期。

57. 王东进等：《积极化解人民内部矛盾，妥善处理群体性事件》，载《中国社会发展战略》2004年第3期。

58. 王福华：《民事起诉条件之辩证》，载陈光中主编：《诉讼法理论与实践——民事行政诉讼卷》，人民法院出版社2001年版。

59. 王福华：《民事起诉制度改革研究》，载《法制与社会发展》2001年第6期。

60. 王国锋：《司法权的限度与司法能力建设》，载《法律适用》2006年第1期。

61. 王禄生：《地位与策略："大调解"中的人民法院》，载《法制与社会发展》2011年第6期。

62. 汪庆华：《中国行政诉讼：多中心主义的司法》，载《中外法学》2007年第5期。

63. 王锡锌：《正当法律程序与"最低限度的公正"——基于行政程序角度之考察》，载《法学评论》2002年第2期。

64. 吴少军等：《论民事诉讼立案审查制度》，载陈桂明主编：《民事诉讼法学专论》（中国法学会民事诉讼法学研究会论文集2007年卷），厦门大学出版社2008年版。

65. 吴英姿：《诉讼理论重构》，载《南京大学法律评论》2001

年春季卷。

66. 吴英姿：《转型社会中法官的角色紧张与角色认同》，载王亚新等：《法律程序运作的实证研究》，法律出版社 2005 年版。

67. 伍贤华：《民事立案程序之立法重构》，载《行政与法》2004 年第 10 期。

68. 喜子：《反思与重构：完善行政诉讼受案范围的诉权视角》，载《中国法学》2004 年第 2 期。

69. 相庆梅：《完善民事诉讼法起诉条件的思考》，载《理论探索》2008 年第 3 期。

70. 肖建华：《试论"告状难"问题之解决》，载《研究生法学》1996 年第 3 期。

71. 薛刚凌：《行政诉讼类型研究》，载《诉讼法学研究》第 1 卷，中国检察出版社 2002 年版。

72. 薛少峰：《试论民事诉讼要件》，载《前沿》2006 年第 12 期。

73. 阎尔宝：《关于起诉与受理的几个问题》，载《行政法学研究》2001 年第 2 期。

74. 杨富元：《谈谈民事诉讼中的起诉权与胜诉权》，载《法学评论》1985 年第 3 期。

75. 杨海坤、周春华：《行政诉讼起诉规则理论述评》，载《法治论丛》2007 年第 2 期。

76. 杨建顺：《论行政裁量与司法审查》，载《法商研究》2003 年第 1 期。

77. 杨伟东：《行政诉讼目的探讨》，载《国家行政学院学报》2004 年第 3 期。

78. 杨伟东：《行政诉讼架构分析——行政行为中心主义安排的反思》，载《华东政法大学学报》2012 年第 2 期。

79. 杨欣：《美、英司法审查受案标准的演化及其启示》，载《行政法学研究》2008 年第 1 期。

80. 叶必丰：《论公共利益与个人利益的辩证关系》，载《学术季刊》1997 年第 1 期。

81. 应星、汪庆华：《涉法信访、行政诉讼与公民救济行动中的二重理性》，载《洪范评论》第 3 卷第 1 辑，中国政法大学出版社 2006 年版。

82. 应星、徐胤：《“立案政治学”与行政诉讼率的徘徊——华北两市基层法院的对比研究》，载《政法论坛》2009 年第 6 期。

83. 应星：《行政诉讼程序运作中的法律、行政与社会——以一个“赤脚律师”的诉讼代理实践为切入点》，载《北大法律评论》第 9 卷第 1 辑，北京大学出版社 2008 年版。

84. 占善刚、赵钢：《再论民事诉讼的起诉条件及其适用——以〈民事诉讼法〉之修订为背景》，载陈光中、江伟主编：《诉讼法论丛》第 9 卷，法律出版社 2004 年版。

85. 张坤世、欧爱民：《现代行政诉讼制度发展的特点——兼与我国相关制度比较》，载《国家行政学院学报》2002 年第 5 期。

86. 张坤世：《行政起诉难的成因分析与对策研究》，载《法治研究》2009 年第 10 期。

87. 张坤世：《行政起诉权保障与行政案件受理制度的完善》，载《湖南大学学报（社会科学版）》2008 年第 6 期。

88. 张坤世：《行政起诉制度的若干问题探析》，载《行政法学研究》2009 年第 1 期。

89. 张坤世：《行政诉讼受案制度之检讨与重构》，载《法治研究》2008 年第 9 期。

90. 张庆东：《我国民事起诉受理制度的检讨与改革设想》，载《山东审判》2006 年第 6 期。

91. 张卫平：《民事诉讼处分原则重述》，载《现代法学》2001 年第 6 期。

92. 张卫平：《起诉难：一个中国问题的思索》，载《法学研究》2009 年第 6 期。

93. 张卫平：《起诉条件与实体判决要件》，载《法学研究》2004 年第 5 期。

94. 张熠：《浅议诉权与起诉权之位阶》，载《法制与社会》2008年第11期。

95. 张永泉：《审查起诉制度刍议》，载《北京科技大学学报（社会科学版）》2001年第1期。

96. 张玉录：《论行政起诉条件》，载《政法论坛》1999年第4期。

97. 章剑生：《论司法审查有限原则》，载《行政法学研究》1998年第2期。

98. 张志勇：《试析我国行政诉讼的现状与对策》，载《行政法学研究》1995年第4期。

99. 赵钢、占善刚：《试析起诉的消极条件》，载《法商研究》1996年第5期。

100. 赵正群：《行政之诉与诉权》，载《法学研究》1995年第6期。

101. 赵正群：《行政诉权在中国大陆的生成及其面临的挑战》，载《诉讼法论丛》第6卷，法律出版社2001年版。

102. 周永坤：《诉权法理研究论纲》，载《中国法学》2004年第5期。

后　记

本书是我所主持的2012年度教育部人文社会科学研究项目青年基金项目“行政诉讼起诉制度研究——兼论诉权、审判权、行政权在行政诉讼起诉阶段之博弈”（项目批准号：12YJC820005）的最终研究成果。在项目研究和成果出版过程中，我得到了武汉科技大学文法与经济学院及院领导丁宇教授、邓泽宏教授、黄涛教授、彭惠青教授和李桂珍老师的大力支持，在此深表谢意。

感谢恩师林莉红教授。林老师对我的恩情，如何感谢也不为过。林老师是我人生的指路明灯，她让我树立了人生的理想与希望，让我相信了人间自有真情在。林老师的严谨求实、宽容豁达、优雅知性、独立自信，一直深深感染和熏陶着我，是我一生学习的榜样。

感谢赵钢教授、蔡杰教授、洪浩教授、占善刚教授、刘学在教授、李傲教授、庄汉副教授、黄启辉老师对拙文给予的指导。诸位老师不仅是我的授业恩师，也是我成长的见证人，对我给予了无私的帮助与关怀，学生对诸位老师的恩情永远铭记于心，永远感激他们，祝福他们。

感谢武汉大学法学院诉讼法专业的师兄弟姐妹，这里让我体会到家的温馨和力量，这将是我人生中难得而永恒的财富。感谢武汉大学法学院，感谢武汉大学，这里有我最美好、最温暖的回忆。

感谢湖北省武汉市洪山区人民法院的熊刚庭长、余翠兰庭长、李芳庭长、余四美法官、李燕书记员，他们不仅为我的学习、研究提供了大量的实证资料，还为我的工作、生活提供了许多的帮助。

感谢中国社会科学出版社编辑宫京蕾老师对本书的细心指点与鼎

力协助，感激之情无以言表。

感谢我无私的父母，在他们人生的最后阶段，都没有给我增加一丝负担和压力。父母的养育之恩无以回报，这也将成为我一辈子无法弥补的遗憾。

感谢我的公婆及丈夫，感谢他们的开明大度、宽容理解，没有他们在家默默无闻的付出与支持，我不会有今天的成绩，希望他们永远安康。感谢我亲爱的孩子，他的笑脸会让我慢慢忘却伤痛，希望他健康快乐地成长。

此项目成果的完成，是我人生另一段旅程的开始，我将继续努力认真地前行！

常晓云

2017 年 3 月

于湖北武汉南湖畔